TopoGuides®

D1704337

Les départements de France
La Manche... à pied®

PR®

51 PROMENADES & RANDONNÉES

AVEC L'APPUI TECHNIQUE DU COMITÉ
DÉPARTEMENTAL DE LA RANDONNÉE PÉDESTRE
DE LA MANCHE

LA MANCHE
CONSEIL GÉNÉRAL

FFRandonnée
les chemins, une richesse partagée
www.ffrandonnee.fr

Bien préparer sa randonnée

Les itinéraires de Promenades et Randonnées (PR) sont en général des boucles : on part et on arrive au même endroit.

QUATRE NIVEAUX DE DIFFICULTÉS À CONNAÎTRE

Les randonnées sont classées par niveaux de difficulté. Elles sont différenciées par des couleurs dans la fiche de chaque circuit.

TRÈS FACILE **> Moins de 2 heures de marche**

Idéal à faire en famille, sur des chemins bien tracés.

FACILE **> Moins de 3 heures de marche**

Peut être faite en famille, sur des chemins avec quelques passages moins faciles.

MOYEN **> Moins de 4 heures de marche**

Pour les randonneurs habitués à la marche. Avec quelquefois des endroits assez sportifs et/ou des dénivelées.

DIFFICILE **> Plus de 4 heures de marche**

Pour des randonneurs expérimentés et sportifs. L'itinéraire est long et/ou difficile (dénivelées, passages délicats).

Durée de la randonnée

La durée est calculée sur la base d'environ 3 km/h pour les balades vertes et bleues, et de 4 km/h pour les randonnées rouges et noires. La durée indiquée tient compte de la longueur et des dénivelées. Si vous randonnez avec des enfants, reportez-vous page 8.

COMMENT SE RENDRE SUR PLACE ?

En voiture

Tous les points de départ sont accessibles par la route. Un parking, indiqué par une signalétique routière, est situé à proximité du départ de chaque randonnée. Ne laissez pas d'objet apparent dans votre véhicule.

Veillez à ce que votre véhicule ne gêne pas le passage des engins forestiers ou agricoles, même le dimanche. Il est interdit de stationner derrière les barrières de routes forestières.

Par les transports en commun

L'accès par les transports en commun est signalé à la rubrique Situation de chaque itinéraire. Attention, certains services sont réduits ou inexistants les week-ends, jours fériés et période de congés scolaires.
SNCF > tél. 36 35 (0,34 euro/minute) ou www.voyages-sncf.com
Cars et bus > Manéo : tél. 0 800 150 050 (appel gratuit depuis un poste fixe) de 8 h 30 à 12 h et de 13 h 30 à 16 h. - www.mobi50.com

La Manche... à pied®

infos pratiques de la **FFRandonnée** : Voir page 4

ABBAYE DE LESSAY / PHOTO CDT50/A. K.

Les itinéraires de randonnée pédestre connus sous le nom de « GR », jalonnés de marques blanc-rouge, sont une création de la Fédération française de la randonnée pédestre-CNSGR. Ils sont protégés au titre du code de la propriété intellectuelle. Les marques utilisées sont déposées à l'INPI. Nul ne peut en disposer sans autorisation expresse. Sentier de Grande Randonnée, Grande Randonnée de pays, Promenade & Randonnée, Randocitadines, « A pied en famille », « les environs de... à pied » sont des marques déposées, ainsi que les marques de couleur blanc-rouge et jaune-rouge. Les extraits de cartes figurant dans cet ouvrage sont la propriété de l'Institut géographique national. Toute reproduction est soumise à l'autorisation de ce dernier.

4e édition : février 2011 - ISBN 978-2-7514-0524-2 © IGN 2011 (fonds de carte) - Dépôt légal : février 2011

L'ÉQUIPEMENT D'UNE BONNE RANDONNÉE
Les chaussures

Les chaussures de randonnée doivent être confortables et garantir un bon maintien du pied et de la cheville. Si elles sont neuves, prenez le temps de les faire à votre pied avant. Les tennis seront limitées à une courte marche de quelques heures.

Le sac à dos

Un sac de 20 à 40 l conviendra largement pour les sorties à la journée.

Les vêtements

Le système des «3 couches» est fondamental : sous-vêtement en fibres synthétiques, pull ou sweat en fibre polaire, coupe-vent, de préférence respirant.

Équipement complémentaire

Une paire de lacets, de la crème solaire, une casquette, des lunettes, une trousse de secours, une boussole, un appareil photo, un sifflet.

4 indispensables à ne pas oublier !

1 > Bien s'hydrater
La gourde est l'accessoire indispensable, été comme hiver.

3 > Mieux observer
En montagne ou dans un parc, **une paire de jumelles**.

2 > Toujours dans la poche !
Un couteau multifonctions.

4 > Mieux se repérer
Une lampe torche en cas de tunnel, grotte.

Autres > un pique-nique ou, pour les courtes marches, quelques provisions qui aideront à terminer un itinéraire, surtout avec des enfants.

QUAND RANDONNER ?

Avant de partir, toujours s'informer sur le temps prévu :
Météo France : tél. **32 50** (0,34 euro/minute) ou www. meteo.fr

En période estivale

Les journées longues permettent les grandes randonnées, mais attention au coup de chaleur. Il faut s'astreindre à boire beaucoup : environ 5 à 6 gorgées toutes les 20 minutes, soit au minimum 1,5 l d'eau par personne pour une demi-journée de marche.

En automne-hiver

Pendant la saison de la chasse, ne vous écartez pas des chemins balisés qui sont ouverts au public (de chaque côté du chemin, respectez les propriétés privées). En hiver, veillez à ne pas déranger la faune sauvage, observez les traces sans vouloir les suivre.

DÉSAGRÉMENTS ET DANGERS

L'orage

Ne pas rester debout sous un arbre ou un rocher, ou près d'une cabane ; s'éloigner des cours d'eau et des pylônes. S'accroupir sur ce qui peut être isolant (sac, corde), tenir les deux pieds bien serrés.

La chaleur excessive

Protégez-vous la tête et le corps, buvez souvent. Dès les premiers signes (maux de tête, nausées), il est indispensable de s'arrêter, de se mettre à l'ombre et de boire frais à petites gorgées.

La baignade

Le danger principal est le choc thermique. Il faut entrer progressivement dans l'eau, et renoncer en cas de sensation anormale (grande fatigue, vertige, bourdonnements d'oreille...).

**N° d'urgence
Secours 112
Pompiers 18
Samu 15
Gendarmerie
17**

Marcher le long d'une route

Mieux vaut marcher en colonne le long d'une route. La nuit, chaque colonne empruntant la chaussée doit être signalée à l'avant (feu blanc ou jaune) et à l'arrière (feu rouge).

Quelques adresses pour vous aider

COMITÉ RÉGIONAL DU TOURISME (CRT)
• **Comité régional du tourisme Normandie,** 14, rue Charles-Corbeau, 27000 Évreux, tél. 02 32 33 79 00,
Internet : www.normandy-tourism.org, e-mail : normandy@imaginet.fr

COMITÉ DÉPARTEMENTAL DU TOURISME (CDT)
• **Manche Tourisme,** Maison du Département, 98, route de Candol, CS73108, 50008 Saint-Lô Cedex, tél. 02 33 05 98 70 –
Fax 02 33 56 07 03, manchetourisme@manche.fr, www.manchetourisme.com, www.mancherandonnee.com

OFFICES DU TOURISME
• Agon-Coutainville, tél. 02 33 76 67 30
www.coutainville.com
• Avranches, tél. 02 33 58 00 22, www.ot-avranches.com
• Barneville-Carteret, tél. 02 33 04 90 58
www.barneville-carteret.fr
• Beaumont-Hague, tél. 02 33 52 74 94
www.lahague-tourisme.com
• Blainville-sur-Mer , tél. 02 33 07 90 89
www.ot-blainvillesurmer.com
• Brécey , tél. 02 33 89 21 13
www.tourisme-brecey.com
• Carentan, tél. 02 33 71 23 50, www.ot-carentan.fr
• Carolles, tél. 02 33 61 92 88, www.ville-carolles.fr
• Cerisy-la-Salle, tél. 02 33 76 63 30
www.cc-cerisylasalle.fr
• Cherbourg – Octeville, tél. 02 33 93 52 02
www.ot-cherbourg-cotentin.fr
• Coutances, tél. 02 33 19 08 10, www.coutances.fr
• Denneville (SI), tél. 02 33 07 58 58
si.accueil@denneville.com
• Fermanville (Cotentin-Val de Saire), tél. 02 33 54 61 12
www.tourismecotentinvaldesaire.fr
• Gavray (SI), tél. 02 33 50 10 10, tourisme@gavray.net
• Granville, tél. 02 33 91 30 03, www.granville-tourisme.fr
• La Haye-du-Puits, tél. 02 33 46 01 42
www.ot-lahayedupuits.com

• Le Mont-Saint-Michel, tél. 02 33 60 14 30
www.ot-montsaintmichel.com
• Lessay , tél. 02 33 45 14 34, www.canton-lessay.com
• Marigny, tél. 02 33 55 08 13, www.si-marigny.fr
• Montebourg, tél. 02 33 41 15 73
www.officetourismemontebourg.fr
• Mortain, tél. 02 33 59 19 74, www.ville-mortain.fr
• Portbail, tél. 02 33 04 03 07, www.portbail.fr
• Quinéville (SI), 02 33 94 46 70
• Saint-Lo, tél. 02 14 29 00 17, www.saint-lo.fr
• Sourdeval, tél. 02 33 79 35 61, www.sourdeval.org
• Saint-Hilaire-du-Harcouët, tél. 02 33 79 38 88
www.st-hilaire.fr
• Saint-Jean-le-Thomas, tél. 02 33 70 90 71
www.stjeanlethomas.com
• Saint-Sauveur-Lendelin, tél. 02 33 19 19 24
• Saint-Vaast-la-Hougue, tél. 02 33 23 19 32
www.saint-vaast-reville.com
• Sainte-Mère-Eglise, tél. 02 33 21 00 33
www.sainte-mere-eglise.info
• Torigni-sur-Vire, tél. 02 33 77 42 22
www.ot-torigni.fr
• Valognes (Bocage valognais), tél. 02 33 40 11 55
www.otbv.fr
• Villedieu-les-Poêles, tél. 02 33 61 05 69
www.ot-villedieu.fr

UNION DÉPARTEMENTALE DES OFFICES DU TOURISME ET SYNDICAT D'INITIATIVE
• **Maison du Département**, 98, route de Candol, CS73108, 50008 Saint-Lô Cédex, tél. 02 33 05 96 19 – Fax : 02 33 56 07 03,
katuscia.picquenard@manche.fr

LA FÉDÉRATION FRANÇAISE DE LA RANDONNÉE PÉDESTRE
• **Le Centre d'Information**
Pour tous renseignements sur la randonnée en France et sur les activités de la FFRandonnée :
FFRandonnée, 64, rue du Dessous-des-Berges, 75013 Paris, tél. 01 44 89 93 93, fax 01 40 35 85 67,
info@ffrandonnee.fr, www.ffrandonnee.fr
• **Le Comité régional de la randonnée pédestre de Basse-Normandie**
1, rue du 8 Mai 1945, 50570 Marigny, tél./fax 02 33 55 34 30, crrp.bn@wanadoo.fr
• **Le Comité départemental de la randonnée pédestre de la Manche**
1, rue du 8 Mai 1945, 50570 Marigny, tél./fax 02 33 55 34 30, cdrp50@wanadoo.fr, www.rando50.fr

BIEN PRÉPARER SA RANDONNÉE

À CHACUN SON RYTHME...

Les enfants jusqu'à environ 7 ans

Sur le dos de ses parents jusqu'à 3 ans, l'enfant peut ensuite marcher, dit-on, un kilomètre par année d'âge. Question rythme, on suppose une progression horaire de 1 à 2 km en moyenne.

De 8 à 12 ans

On peut envisager des sorties de 10 à 15 km. Les enfants marchant bien mieux en groupe, la présence de copains favorisera leur énergie. Si le terrain ne présente pas de danger, ils apprécieront une certaine liberté, en fixant des points de rendez-vous fréquents.
Les adolescents qui sont en pleine croissance ont des besoins alimentaires plus importants que les adultes.

Les seniors

La marche a pour effet la préservation du capital osseux, et fait travailler en douceur l'appareil cardio-vasculaire. Un entretien physique régulier de 30 minutes à 1 heure de marche quotidienne est requis pour envisager de plus longues sorties. Un bilan médical est recommandé.

Où se restaurer et dormir dans la région ?

TROIS TYPES D'APPELLATION

❶ Alimentation > pour un pique-nique : épicerie, boucherie ou traiteur, à la découverte des produits locaux.

❷ Restauration > un café ou un restaurant, pour reprendre son souffle et savourer les spécialités du terroir.

❸ Hébergement > de nombreuses possibilités d'hébergement existent : pour plus d'informations, **consulter le comité départemental du tourisme ou les offices de tourisme locaux.**

Les établissements Rando Accueil (gîtes, hôtels, campings) sont sélectionnés pour leur convivialité et leur environnement de qualité ; en outre, ils proposent des conseils personnalisés pour découvrir les itinéraires de randonnée alentour. www.rando-accueil.com

• • • Tableau des ressources

⊘	🛒	🍴	🏠	⊘	🛒	🍴	🏠
Barneville-Carteret	●	●	●	Montmartin-sur-Mer	●	●	●
Besnevile	●	●	●	Mortain	●	●	●
Brecey	●	●	●	Negreville	●	●	●
Brix		●	●	Octeville-l'Avenel			●
Carolles	●	●	●	Omonville-la-Petite	●		●
Cerences	●	●	●	Les Perques			●
Cerisy-la-Salle	●	●	●	Les Pieux	●	●	●
La Chaise-Baudouin	●	●	●	Portbail	●	●	●
Colomby	●		●	Saint-Georges-de-Rouelley	●	●	●
Condé-sur-Vire	●	●	●	Sain-Jean-des-Baisants	●	●	
Coutances	●	●	●	Saint-Lo	●	●	●
Doville			●	Saint-Martin-de-Varreville			●
Fermanville	●	●	●				
Le Fresne-Poret	●	●	●	Saint-Michel de Montjoie	●	●	
Gavray	●	●	●	Saint-Pair-sur-Mer	●	●	●
Genets	●	●	●	Saint-Pois	●	●	●
La Glacerie	●	●	●	Saint-Sauveur-Lendelin	●	●	●
Gorges	●	●		Sauxemesnil	●	●	
Gouvets		●	●	Sourdeval	●	●	●
Gouville-sur-Mer	●	●	●	Le Teilleul	●	●	●
Hambye	●	●	●	Tessy-sur-Vire	●	●	●
Hauteville-la-Guichard	●	●	●	Le Vast	●	●	●
Jobourg		●	●	Villedieu-les-Poêles	●	●	●
Lessay	●	●	●	Virandeville	●	●	●
La Lucerne-d'Outremer	●	●	●				
Montmartin-en-Graignes		●					

Pour mieux connaître la région

BIBLIOGRAPHIE

CONNAISSANCE GÉOGRAPHIQUE, TOURISTIQUE ET HISTORIQUE DE LA RÉGION

- Bertin Ph., *Sentier des douaniers de la Manche*, éd. Ouest-France avec la participation du Conservatoire du Littoral.
- Gourbin (B.), *Histoires incroyables mais vraies en Normandie*, éd. Ouest-France.
- Guéné (E.), *La Manche en l'an 2000, de Cherbourg au Mont-Saint-Michel*, éd. Manche Tourisme
- Guéné (E.), *Deux siècles de bains de mer sur les plages de l'Avranchin et du Cotentin*, éd. Manche Tourisme.
- Maunoury (J. L.), *Bêtes à poils*, éd. Motus
- Pithois (Cl.), *La saga des Bruce*, éditions Corlet
- *La Manche sauvage*, éd. Ouest France
- *Guide naturaliste des Côtes de France*, Delachaux et Niestlé
- Extraits de l'ouvrage de Pierre Hamel sur *La Vallée de la Gloire et ses moulins*, imprimerie Saint-Roche de Briquebec
- *Le Grand guide des îles anglo-normandes*, éd. Gallimard
- Revue *Le Viquet* n° 101-102 article d'Éric Marie

HÉBERGEMENT

- *Gîtes d'étapes et Refuges, France et frontières*, A. et S. Mouraret, éd. Rando Éditions, Internet : www.gites-refuges.com

SUR LA RANDONNÉE

- *Balades dans le Parc des Marais du Cotentin et du Bessin*, éd. Dakota
- *Randonnées en côtes des Isles*, communauté de communes de Barneville-Carteret
- *Guide des sentiers pédestres de Tessy-sur-Vire*, communauté de communes de Tessy
- *Promenades et randonnées dans la région de Cerisy-la-Salle*, communauté de communes de Cerisy
- *Les Pieds dans le Plain, Promenades et randonnées autour de Sainte-Mère-Eglise*, communauté de communes de Sainte-Mère-Eglise
- *Promenades et Randonnées autour de Montebourg*, communauté de communes de Montebourg
- *Balades en pays valognais*, office de tourisme de Valognes
- *37 balades en Pays des Vikings, Découverte du Val de Saire*, communauté de communes de Saint-Pierre-Église et communauté de communes du Val de Saire
- *Entre Terre et Marais*, communauté de communes de Saint-Jean-de-Daye
- *Promenades et Randonnées autour du Cap de la Hague*, office de tourisme de la Hague
- *Balade au Cœur du Cotentin, entre Douve, Divette et Saire*, Association Douve, Divette et Saire

Voir liste complète des topo-guides vendus par Manche Tourisme sur le site :
www.mancherandonnee.com

CARTES DE LA RÉGION

- **CARTES IGN AU 1 : 25 000 :** N° 1210 OT, 1210 E, 1211 E, 1211 OT, 1212 E, 1213 E, 1214 E, 1310 O, 1311 E, 1311 O, 1312 E, 1312 O, 1313 E, 1313 O, 1215 E, 1315 E, 1413 O, 1415 O, 1416 E.
- **CARTES IGN au 1 : 100 000 :** N° 106, 115 et 116.
- **CARTE Michelin au 1 : 200 000 :** N° 231.
- **CARTE IGN au 1 : 125 000 :** *Manche*.

Pour connaître la liste des autres topo-guides de la Fédération française de la randonnée pédestre sur la région, consulter le site www.ffrandonnee.fr

Rejoignez-nous et randonnez l'esprit libre

Pour mieux connaître la fédération, les adresses des associations de votre département, pour tout savoir sur l'actualité de la randonnée, pour adhérer ou découvrir la collection des topo-guides.

Tout sur www.ffrandonnee.fr

Création : Sarbacane Design

FFRandonnée

TopoGuides GR®
Une collection exclusive

Pour les amoureux de nature et les sportifs aimant les vraies aventures.

L'outil indispensable pour bien préparer sa rando et cheminer l'esprit serein.

Près de 80 titres dans toute la France.

Tout le catalogue en ligne
www.ffrandonnee.fr

TopoGuides®
La meilleure façon de marcher

Suivez les balisages de la **FF**Randonnée

LES TYPES DE BALISAGE

	1 GR®	**2** GR® PAYS	**3** PR®
Type d'itinéraires			
Bonne direction			
Tourner à gauche			
Tourner à droite			
Mauvaise direction			

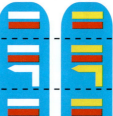

1 Grande Randonnée / **2** Grande Randonnée de Pays / **3** Promenade & Randonnée

MARQUAGES DES BALISAGES

Le jalonnement des sentiers consiste en marques de peinture sur les arbres, les rochers, les murs, les poteaux. Leur fréquence est fonction du terrain.

Les baliseurs : savoir-faire et disponibilité

Pour cheminer sereinement, 6 000 bénévoles passionnés s'activent toute l'année, garants d'un réseau d'itinéraires de 180 000 kilomètres de sentiers, sélectionnés et aménagés selon des critères de qualité.

PARCE QUE VOTRE PASSION EST SANS LIMITE...

PassionRando
LE MAGAZINE DES PASSIONNÉS DE LA RANDO

Escapades nature en Provence verte

Coup de cœur
La Clarée de
Denis Cheissoux

Croatie
La perle de
l'Adriatique

Randos vignobles
L'ivresse
du chemin

n° 17 - Octobre-Novembre-Décembre 2010 - 5,90 € - www.ffrandonnee.fr

4 numéros par an pour :

+ de randos d'ici et d'ailleurs

+ d'infos pratiques

+ d'implication en faveur
des sujets de société

+ d'infos locales

Conception : L2R

SPÉCIAL ADHÉRENT

Vous êtes adhérents de la Fédération,
vous pouvez payer votre abonnement
à Passion Rando Magazine 4 €
seulement en même temps que
votre cotisation annuelle

Contactez votre club de randonnée ou votre Comité
Départemental de la Randonnée Pédestre

⊳ Abonnez-vous via internet sur :
www.ffrandonnee.fr,
rubrique « Passion Rando »

ou

⊳ Abonnez-vous par courrier :
envoyez sur papier libre vos coordonnées
accompagnées d'un chèque de 12 € à l'ordr
de FFRandonnée à l'adresse suivante :
SIF FFRandonnée SEII télémat - 14490 Littea

FFRandonnée
www.ffrandonnee.fr

Conformément à la loi informatique et liberté du 6 janvier 1978, vous disposez d'un droit d'accès et de rectification aux informations vous concernant.

LA **FF**Randonnée AUJOURD'HUI ?

La Fédération française de la randonnée pédestre, c'est près de 205 000 adhérents, 3 350 associations affiliées, 180 000 km de sentiers balisés GR® et PR®, 120 comités régionaux et départementaux, 20 000 bénévoles, animateurs et baliseurs, 260 topo-guides, un magazine de randonnée *Passion Rando* et un site Internet : www.ffrandonnee.fr.

PARTENARIAT : engagé depuis 1992, GDF Suez soutient l'ensemble des secteurs d'activités de la Fédération : sentiers, balisage, édition et information du grand public.

Passion Rando Magazine, le magazine des randonneurs

Passion Rando Magazine apporte aux amoureux de la rando et d'authenticité toutes les pistes de découverte des régions de France et à l'étranger, les propositions d'itinéraires, d'hébergements et des bonnes adresses.

En valorisant les actions locales d'engagement pour la défense de l'environnement et d'entretien des sentiers, *Passion Rando Magazine* porte un message sur le développement durable, la préservation de la nature et du réseau d'itinéraires de randonnée pédestre.

Abonnez-vous sur www.ffrandonnee.fr

Des sentiers balisés à travers toute la France

LA FÉDÉRATION FRANÇAISE DE RANDONNÉE

PARTEZ TRANQUILLE AVEC LA RandoCarte®
4 atouts au service des randonneurs
- Une assurance spéciale « randonnée »
- Une assistance 24/24 h et 7/7 jours en France comme à l'étranger
- Des avantages quotidiens pour vous et vos proches
- Un soutien à l'action de la Fédération française de la randonnée pédestre et aux bénévoles qui entretiennent vos sentiers de Grande Randonnée et de Promenades et Randonnées

Vous aimez la randonnée

Depuis plus d'un demi-siècle, la Fédération vous propose une assurance, adaptée et performante dont profitent déjà près de 190 000 passionnés. Faites confiance à la RandoCarte® : elle vous est conseillée par des spécialistes du terrain, passionnés de randonnée...
Une fois encore, ils vous montrent le chemin !

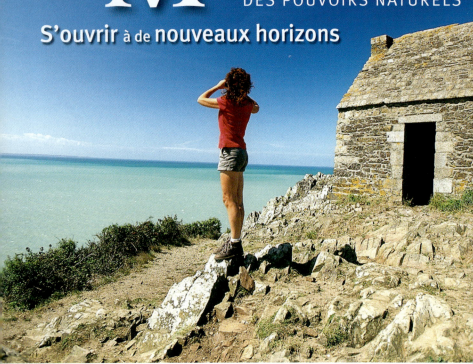

LA MANCHE
DES POUVOIRS NATURELS

S'ouvrir à de nouveaux horizons

Plus de 7 000 km d'itinéraires balisés
en harmonie avec la nature

Suivez le guide pour découvrir **monts et merveilles**
en Normandie !

Plus de 30 "géocaches pour des **balades** et des **chasses au trésors** insolite

Pour offrir à chaque séjour nature en Normandie un visage différent,
rendez-vous sur : www.manche-locationvacances.com
Retrouvez les jeux de pistes avec GPS en téléchargement sur : www.manchetourisme.com/gps

Manche Tourisme, immatriculé au registre des opérateurs de voyages et de séjours sous le n° IM 050.10.0001 - Crédits photographiques : S. Fauré-CDT50, T. Seni-CDT50, Y. Launay-CDT50, S. Barrault-CDT50 - Conception graphique : R2pub-CDT50

www.mancherandonnee.com

LA MANCHE

Découvrir
La Manche

PHOTOS C. LE T., CG 50, CDRP 50.

Pays de contrastes, le cœur de la Manche « balance » entre terre et mer.

Ce pays, aussi nommé « Presqu'île du Cotentin », offre 355 kilomètres de côtes, dont les secteurs les plus sensibles sont préservés par le Conservatoire du littoral.

La Baie du Mont-Saint-Michel compose un ensemble remarquable inscrit au patrimoine mondial de l'Unesco. Faune, flore, histoire, légendes et grandes marées forment un écrin unique pour « La Merveille » (le cœur de la célèbre abbaye) d'où l'on aperçoit, vers le nord, les plages de sable fin qui s'étendent au-delà de Granville.

COURLIS CENDRÉ / DESSIN P.R.

HAVRE DE REGNÉVILLE / PHOTO CDT 50/S. B.

À l'horizon, les îles Chausey découvrent leur profil du plus vaste archipel européen. Autre caractère unique en France : la chaîne des havres. Huit au total se succèdent de la Vanlée à Barneville en passant par celui de Regnéville. Au large du cap de Carteret, les contours des îles anglo-normandes se devinent ou s'imaginent : les plus fameuses, Jersey ou Guernesey, et celles qui méritent le détour Serck, Herm et Aurigny. La Côte des Isles déroule ensuite un paysage quasi lunaire de massifs dunaires. L'instant d'après, la côte s'escarpe, de caps en nez, d'anses en pointes : c'est la Hague, ce bout du monde ouvert aux quatre vents, parcouru de murets et de bruyère lui prêtant des airs irlandais. Vient enfin Cherbourg, porte ouverte vers l'Angleterre et fière de sa Cité de la Mer.

À l'est, le Val de Saire, surnommé le jardin de la mer, bénéficie d'un climat très doux et abrité, favorable aux cultures maraîchères. Pause de rigueur à Tatihou, cette minuscule île chargée d'histoire, située à quelques encablures de Saint-Vaast-la-Hougue, avant de terminer par une autre baie, celle des Veys. À la limite de la Manche et du Calvados, elle s'insère partiellement dans un site de 30 000 hectares, le Parc naturel régional des Marais du Cotentin et du Bessin. Les hommes y réconcilient activité économique et environnement autour de l'agriculture et du tourisme, activités pratiquées dans un espace sensible « blanc »[1] l'hiver et vert tendre l'été.

La terre, du sud au nord, s'ouvre sur le Mortainais, où le granit semble bouillonner sous les pas tant son relief est accidenté, semblable à l'eau sous pression qui jaillit ici en cascades. Plus au nord, les Roches de Ham, au cœur de la vallée de la Vire, délimitent l'un des plus beaux promontoires du département d'où l'on peut observer la campagne et son maillage de haies bocagères et de rivières.

[1] On dit que les marais blanchissent lorsque l'eau recouvre les prairies durant l'hiver.

FORT VAUBAN À TATIHOU / PHOTO M.F. H.

LA MANCHE
DES POUVOIRS NATURELS

La Manche vous offre la nature à l'état pur !

Des longues plages de dunes aux falaises maritimes les plus hautes d'Europe, en passant par les îles aux eaux turquoises, des couleurs changeantes du bocage normand à la sérénité des canaux du marais, laissez-vous surprendre par les pouvoirs naturels de la Manche...

En toute liberté, le long de la côte, au creux d'un chemin bocager ou au cœur de l'une de nos petites villes de charme, la randonnée est le meilleur moyen pour profiter de la variété des paysages de la Manche. Plus de 7000 km d'itinéraires balisés vous attendent !

Découvrez la Manche à votre rythme !

Les grands marcheurs suivront les sentiers de Grande Randonnée (GR®), balisés, pour de longs voyages. Envie d'une escapade de quelques heures ? Empruntez les boucles de petite randonnée ! Le Mont Saint-Michel fut au Moyen-Âge un des grands centres de pèlerinage, empruntez à votre tour les fameux chemins de saint Michel ! Les voies vertes, quant à elles, seront propices à la randonnée pédestre ou avec un âne. Idéal avec des enfants !

Randonnée GPS et geocaching (chasse aux trésors avec GPS) : 2 activités faciles et ludiques !

Essayez en famille ces nouvelles activités pour découvrir autrement les richesses de la Manche ! Retrouvez les jeux de pistes avec GPS en téléchargement sur : www.manchetourisme.com/gps

Manche Tourisme, immatriculé au registre des opérateurs de voyages et de séjours sous le n° IM 050.10.0001 - Crédits photographiques : T. Seni-CDT50, M. Mochon-CDT50, S. Barrault-CDT50 - Conception graphique : CDT50

www.mancherandonnee.com

LA MANCHE

La Manche, à livre ouvert

En dépit des outrages du temps, la Manche a su préserver un patrimoine architectural et culturel d'une grande variété, dont le Mont-Saint-Michel est sans doute le meilleur ambassadeur.

Autre lieu de pèlerinage, d'un genre différent : Utah Beach sur la côte est, où débutait l'opération Overlord, au matin du 6 juin 1944. Étape de l'Espace historique de la Bataille de Normandie, ce site, à l'instar de Sainte-Mère-Eglise, reste encore chargé d'une intense émotion. Cette période de l'histoire se lit aussi dans l'architecture de reconstruction, présente notamment à Saint-Lô.

CATHÉDRALE DE COUTANCES / PHOTO CDT 50/A. K.

Hier ville martyre, aujourd'hui capitale du cheval de sport, Saint-Lô et son Haras national sont, à la saison des concours équestres, le rendez-vous des passionnés. Coutances devient au printemps celui des amateurs de jazz ; son festival -autant que sa cathédrale gothique- ayant acquis une grande renommée. Coutances encore qui, comme « Le clos du Cotentin », a été reconnue Pays d'Art et d'Histoire. Enfin, Villedieu-les-Poêles : c'est le travail du cuivre et la fonderie de cloches, fruit d'un savoir-faire ancestral, qui assurent sa réputation.

De nombreux édifices religieux, telles les églises et abbayes romanes de Lessay, Hambye et Cerisy-la-Forêt, témoignent de l'intérêt que les ducs de Normandie leur portèrent à partir du XIe siècle. De ces âges lointains, la Manche a hérité de traditions qui perdurent. Ainsi, la foire « Sainte-Croix » de Lessay a lieu chaque année depuis le XIIIe siècle ! Elle rassemble, outre vendeurs et camelots de toutes sortes, des marchands de bêtes et des producteurs locaux. À moindre échelle, les marchés hebdomadaires restent très prisés pour la qualité des produits proposés. Ne l'oublions pas, la Manche est particulièrement riche de ses saveurs : de sa terre, qui détient le record national du nombre d'exploitations, comme de la mer.

Le lait, le beurre, la crème, les pommes, le cidre, le calvados, la viande bovine et ovine... les fruits de mer et de la terre (les légumes dont la fameuse

FOIRE SAINTE-CROIX DE LESSAY / PHOTO CDT 50/A. K.

CAROTTES DE CRÉANCES / PHOTO CDT 50/P. L.

HUITRIER-PIE / PHOTO N.V.

carotte de Créances) se retrouvent à la table de tous les Français.

La faune **et la flore**

À l'image de sa géographie contrastée et de son climat changeant, la Manche abrite une faune et une flore d'une richesse surprenante. Les vastes étendues de sable et de vase du bord de mer constituent le garde-manger des huîtriers pies, des bécasseaux et des oiseaux limicoles en général. Le cordon dunaire, couvert de chardons bleus et d'oyats, est fréquenté par d'autres espèces d'oiseaux, les renards roux et les lapins de garenne.

Les havres abritent une faune et une flore elles aussi caractéristiques (salicornes, lavande de mer...). Dans le Parc des Marais, selon la période de l'année, on peut apercevoir des cigognes et des busards cendrés, tandis que les droséras jouent leur rôle de plante insectivore.

NICHÉE DE FAUCONS CRÉCERELLES / PHOTO N.V.

Au cœur du bocage, où une vache normande, un cob ou un selle français paissent sous un pommier en fleurs, le faucon crécerelle, la fouine et le hérisson se sont installés à l'abri des haies façonnées par l'homme.

Enfin, en baie du Mont-Saint-Michel, comme dans les havres, le mouton de pré-salé est chez lui comme les oies sauvages qui s'y reposent avant de poursuivre leur migration. Le site, entre eau douce et eau salée, est considéré comme l'une des plus grandes nurseries de plies et de soles, favorisant un écosystème d'une grande diversité. Les phoques, gris ou veaux marins, se reposent eux aussi en baie ou accompagnent parfois au large la plus grande colonie de dauphins de France.

ANGUILLE / DESSIN P.R.

PHOQUE / PHOTO CDT 50/G. J.

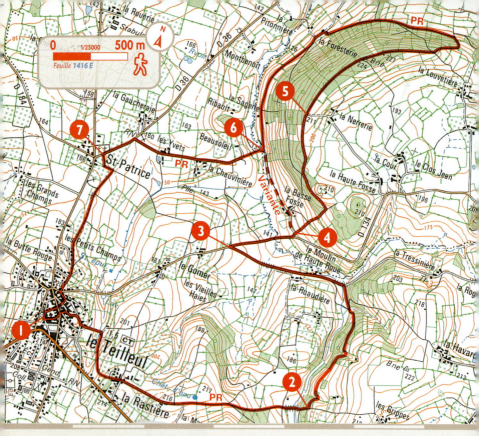

GASTRONOMIE

LE POIRÉ DOMFRONT

POIRES / PHOTO ©PNR N.M. DROITS RÉSERVÉS.

sont les vergers de poiriers haute-tige qui dessinent les lignes du paysage. Le poiré Domfront, dont l'appellation d'origine contrôlée a été attribuée en 2000, est issu de la région comprise entre le Teilleul, dans le département de la Manche, et Domfront, dans l'Orne. Cette boisson traditionnelle, déjà appréciée par les Gaulois, est élaborée exclusivement à partir de la fermentation de jus de poire. Parmi la centaine de variétés de poires recensées sur le terroir, seule une dizaine sont couramment utilisées. Le savoir-faire unique de sa fabrication – transmis de génération en génération – fait la spécificité de ce produit du terroir normand.

Dans le secteur ouest du parc naturel régional Normandie-Maine, ce

Autour du **Teilleul**

Le circuit se développe dans une région au relief tourmenté. Du tertre Montécot, le panorama s'étend entre Domfront et Mortain.

❶ Quitter la place de l'Église par la rue de Bretagne, traverser le carrefour aux Pottiers, continuer en face et s'engager à droite avant le virage. Continuer à descendre et prendre le chemin à gauche des anciens lavoirs par un chemin creux. Atteindre la Croix Jamot. Tourner à droite en direction de La Rastière, puis passer au pied du château d'eau et continuer vers Les Grippes. Descendre dans le vallon et gagner une intersection.

HIRONDELLES RUSTIQUES/
DESSIN P.R.

❷ Prendre le chemin à gauche puis la route à gauche et passer Haute-Roue. Arriver au croisement avec la D 134.

❸ La suivre à droite sur 500 m, puis emprunter le chemin de La Basse-Fosse à gauche sur 30 m jusqu'à une bifurcation.

> **Variante** *(circuit de 7,5 km)* : **se diriger à gauche, passer La Basse-Fosse et gagner une intersection** *(balisage blanc).*

❹ Grimper par le chemin en face. Il vire à gauche et continue en bordure du plateau.

❺ Laisser La Nerrerie à droite et poursuivre. Traverser le tertre Montécot *(panorama)*, puis descendre, tourner à gauche et atteindre La Foresterie. S'engager sur le chemin de terre à gauche, passer La Sagerie et gagner une intersection, au pied du coteau.

❻ Tourner à droite vers Les Yvets. Continuer par la route et rejoindre la D 36. La suivre à gauche sur 250 m.

❼ Face au cimetière, emprunter le chemin de terre à gauche, puis tourner à droite et retrouver Le Teilleul.

S SITUATION
Le Teilleul, à 40 km à l'est d'Avranches par les D 78 et N 176

P PARKING
place de l'Église

B BALISAGE
jaune

À DÉCOUVRIR...

> **En chemin :**
• panorama entre Domfront et Mortain

> **Dans la région :**
• Le Teilleul : andouillerie
• vallée de la Sélune
• Barenton : musée de la Pomme et de la Poire
• Milly : musée vivant d'Animaux
• Saint-Hilaire-du-Harcouët : centre d'art sacré

TRADITION

La légende de la Fosse Arthour

Arthur est le roi légendaire dont les aventures furent chantées par les bardes du pays de Galles (VIe siècle) et les chroniqueurs du cycle de la Table Ronde. Arthur s'était établi avec son épouse en ces lieux sauvages. Séparé d'elle par le génie de ce vallon, il n'était autorisé à rejoindre son épouse qu'au coucher du soleil. Un jour, il enfreignit cet ordre et voulut traverser le gué avant la nuit. Le torrent creusa un gouffre où le roi disparut et où la reine se précipita. Depuis lors, ils gisent en état de dormition dans les cavernes inaccessibles que l'on appelle la chambre du Roi et la chambre de la Reine. Les promeneurs peuvent contempler les pierres énormes qui entourent à jamais leur domaine souterrain.

(Hippolyte Sauvage, in « Recueil des Légendes normandes par divers auteurs », Domfront, 1892, n° 19, p. 8/Cité dans *Balades et découvertes, Fosse Arthour*, éd. Parc naturel régional Normandie-Maine, 1987)

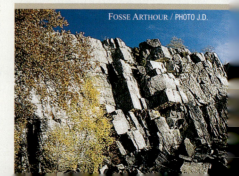

FOSSE ARTHOUR / PHOTO J.D.

Le **Moulin-Foulon**

Pour avoir voulu enfreindre l'ordre du génie du vallon, Arthur, le roi légendaire, disparut dans une fosse. Son épouse, désespérée, s'y précipita également.

PINSON DES ARBRES /
DESSIN N.L.

1 Franchir la Sonce. Suivre la route signalée « voie sans issue ». À l'entrée de La Fosse, prendre un chemin à gauche, puis une large allée pour atteindre la D 134.

2 Emprunter à gauche le chemin descendant à Beau-Soleil. Traverser la route en direction du Moulin-Foulon. Au-delà du hameau de La Fieffe-Jouguet, suivre le chemin de terre pour atteindre une route au lieudit La Prise-de-Haut. La prendre à gauche. Passer successivement à La Prise-de-Bas, puis au Gué-du-Bois.

3 Au sommet de la côte, aller à gauche et suivre le chemin descendant à travers bois. Poursuivre sur la D 134. Près de la carrière, s'engager sur le chemin en lisière jusqu'au site de la Fosse Arthour.

ESCALADE À LA FOSSE ARTHOUR /
PHOTO CDT 50/A. M.

S SITUATION
Saint-Georges-de-Rouelley, à 35 km au sud de Vire par les D 524, D 23, D 36 et D 134

P PARKING
auberge de la Fosse Arthour

B BALISAGE
jaune

À DÉCOUVRIR...

> En chemin :
• if multiséculaire (4,40 m de circonférence)
• site de la Fosse Arthour

> Dans la région :
• Ger : musée régional de la Poterie
• Barenton : musée de la Pomme et de la Poire
• Lonlay-l'Abbaye : abbaye, biscuiterie
• Mortain : sites et monuments

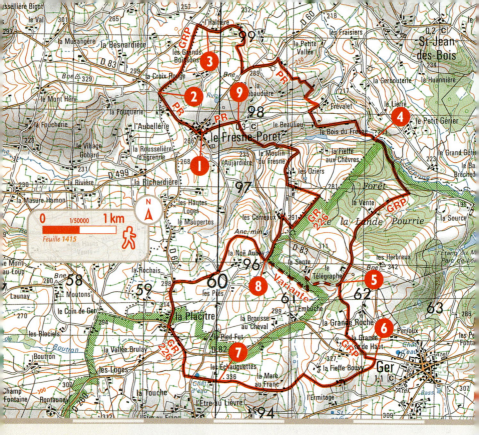

PATRIMOINE

LA POTERIE DE GER

L'activité potière à Ger, que la tradition fait remonter aux Romains, est attestée dans les archives dès la fin du Moyen Âge. En 1402, le comte de Tancarville maintenait les potiers de Ger dans leurs franchises et prorogeait le droit de prendre du bois dans la forêt de la Lande Pourrie.
À la fin du XVᵉ siècle, les potiers se regroupèrent en corporation dont les statuts furent promulgués en 1493. En 1625, on comptait une vingtaine de potiers à Ger. L'activité progressera jusque dans la première moitié du XIXᵉ siècle, avant de disparaître en 1926.
S'agissant d'une production bien particulière, celle du grès, Ger fabriquait surtout

PHOTO CDT 50/D.M.

des poteries utilitaires (écuelles, cruches, bouteilles, tasses, pots à beurre d'Isigny, pots à lait, pavés) ; elle produira ensuite de la poterie décorative (vasques, épis de faîtières, fontaines).

Sur les **pas** des **potiers** de **Ger**

PR® 3

DIFFICILE

5H • 20KM

La terre, le bois et le feu nourrissaient encore au début du XXᵉ siècle toute une population de potiers. Découvrez les anciens fours au détour des nombreux hameaux.

1 De la place de l'église, emprunter la D 83 vers Chaulieu sur 800 m.

2 Prendre à droite le chemin. Suivre la route à droite qui mène à L'Haltière.

3 Gagner La Gauterie. s'engager dans le chemin à droite. Au calvaire, emprunter à gauche la D 60 sur 500 m. Tourner à droite vers Les Augeries. Continuer par un chemin qui passe au Petit-Bourg-Donne. Descendre à droite et rejoindre Frevalet. Se diriger vers le Bois-du-Fresne et La vente-Loisel. Franchir un ruisseau.

4 À l'intersection, suivre le chemin à gauche et pénétrer dans la forêt de la Lande-Pourrie. Prendre le deuxième chemin sur la droite, passer à la Vente, couper la D 83 et atteindre une bifurcation.

> **Variante** *(circuit de 14 km)* : continuer par le chemin à droite, descendre à gauche puis virer à droite.

5 Franchir le vallon à gauche, laisser La Grande-Roche à gauche, passer La Croix-au-Curé et tourner à gauche. Suivre la D 82 à gauche sur quelques mètres, puis le chemin à droite vers Ger.

6 Prendre le chemin à droite, passer La Grande-Prise-de-Bas, franchir le vallon à gauche et remonter à La Mare-au-Franc.

7 Continuer dans la même direction. Après Les Echauguettes, couper la D 60 près du château d'eau, aller en face, puis tourner à droite. Emprunter la D 82 à gauche et gagner le carrefour du Plâcitre. Poursuivre par la D 60 à droite. Après La Ferme, s'engager sur le chemin à droite. Au calvaire, traverser la route et utiliser le chemin de gauche. Virer à droite et déboucher sur une route.

8 La prendre à gauche, couper la D 83 et gagner Les Carreaux. Tourner à droite et emprunter le chemin de terre à gauche pour atteindre Les Oziers. Descendre par la route. Suivre la route qui passe au Moulin-du-Fresne à gauche sur 400 m, puis monter par le chemin à droite.

9 Suivre une route à gauche et gagner Le Fresne-Poret.

S SITUATION
Le Fresne-Poret, à 18 km au sud de Vire par les D 577, D 977, D 82 et D 449

P PARKING
église

B BALISAGE
jaune

À DÉCOUVRIR...

> **En chemin :**
• Le Placitre : musée de la Poterie régionale
• Forêt de la Lande Pourrie

> **Dans la région :**
• Saint-Georges-de-Rouelley : site de la Fosse-Arthour
• Lonlay-l'Abbaye : abbaye, biscuiterie (vente et dégustation)
• Chaulieu : belvédère (point culminant 366 m)

PATRIMOINE

LA CHAPELLE SAINT-MICHEL

C'est un des sites les plus connus du Mortainais qui offre un vaste panorama sur la vallée de la Sélune et d'où le Mont Saint-Michel est fréquemment visible (table d'orientation). La chapelle de style « gothique » bâtie sur cette plateforme à 314 m d'altitude ne date que de 1852. Dès le XIVe siècle, des ermites avaient planté leur cabane et leur oratoire sur ce promontoire de grès armoricain. Cette crête s'est toujours appelée Montjoie parce que de ces hauteurs les pèlerins de Mont apercevaient, enfin, le but de leur voyage. Près de la chapelle, une stèle de granit noir a été érigée en 1984 à la mémoire des soldats américains de la 30e Division qui, en août

MORTAIN, LA PETITE CHAPELLE /
PHOTO CDT 50/P.-Y. R.

1944, ont contenu pendant une semaine la poussée allemande vers Avranches. Durant cette bataille, la ville de Mortain fut presque entièrement détruite.

Crêtes et monuments de Mortain

Au cœur du Mortainais, une randonnée par vaux et collines, au pays des comtes, des ermites et des légendes.

1 De la place du Château, rejoindre la collégiale et continuer la montée par la rue des Fontaines puis de Versailles. Près du cimetière, s'engager sur le sentier à gauche et grimper à la Petite chapelle.

2 Rejoindre à gauche le parking, descendre par la D 487E, puis prendre à droite le chemin qui longe des immeubles. À la cité Hourdin, déboucher sur la D 157.

3 L'emprunter à droite sur 250 m et prendre à gauche le chemin qui descend dans la vallée. Traverser la D 46. En face, près d'un pavillon, partir sur le chemin de terre, franchir la Cance puis l'ancienne voie ferrée et suivre à droite la petite route qui dessert le village de La Lande-de-Beausoleil. Continuer par le large chemin de terre et atteindre une route.

4 Se diriger tout droit vers la Belle-Eau et poursuivre par le chemin jusqu'au carrefour de la Tête-à-la-Femme. Le traverser *(prudence ! circulation importante)*, prendre la route de Romagny sur 100 m, puis le chemin de gauche. Rejoindre la D 977 à gauche. La suivre à droite et franchir le pont. Emprunter à droite la rue du Vieux-Bourg, puis à gauche l'avenue de l'Abbaye-Blanche. Passer la prairie et obliquer à droite pour rejoindre le site des Grandes Cascades *(situées à 100 m aller/retour)*.

5 Poursuivre à droite par le sentier qui longe la vallée Richard. Prendre la route à droite, puis monter par le sentier abrupt à droite jusqu'à l'église du Neufbourg.

6 Emprunter la D 205E à gauche sur 200 m, tourner à droite pour rejoindre le pont sur le Cançon, puis s'engager sur le sentier qui descend dans une gorge étroite au rocher de l'Aiguille *(prudence : passage glissant par temps humide)*.

7 Face au rocher, prendre le chemin en forte pente qui passe au pied de blocs rocheux *(site d'escalade)* pour regagner la place du Château.

S SITUATION
Mortain, à 25 km au sud de Vire par les D 577 et D 977

P PARKING
place du Château

B BALISAGE
jaune

! DIFFICULTÉS !
• circulation importante sur la D 977 au carrefour de la Tête-à-la-Femme entre **4** et **5**
• passage glissant par temps humide avant **7**

À DÉCOUVRIR...

> En chemin :
• Mortain : collégiale Saint-Evroult, Petite chapelle (panorama), site des Cascades, église du Neufbourg XIIᵉ, rocher de l'Aiguille

> Dans la région :
• Bellefontaine : parc de loisirs du Village-Enchanté
• Ger : musée régional de la Poterie, parc de loisirs
• Saint-Georges-de-Rouelley : site de la Fosse-Arthour
• Brouains : vallée et moulin de la Sée (écomusée)

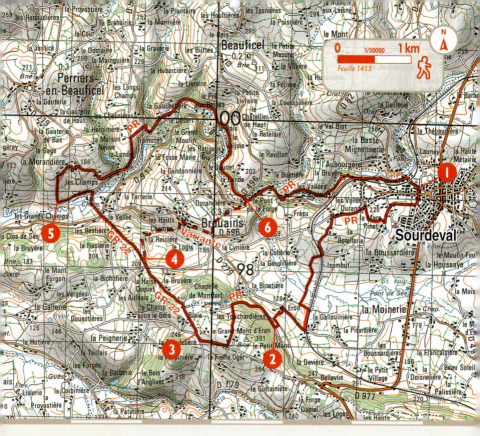

PATRIMOINE

LES MOULINS DE LA SÉE

LE MOULIN DE LA SÉE / PHOTO CDT 50/A.M.

Un parchemin datant du 11 mars 1539 révèle que, dès le début du XVIe siècle, plusieurs moulins fonctionnent dans la région de Sourdeval, le long de l'Yeurseul et de la Sée : les innombrables chutes d'eau font tourner les moulins, et leurs eaux limpides broient des chiffons qui deviendront papier. À l'aube du XIXe siècle, l'activité est florissante et les moulins en nombre : 150 papeteries sont recensées le long de la Sée, sur les paroisses de Vengeons, Beauficel, Brouains ou Perriers. Lorsque, au milieu du XIXe siècle, l'activité périclite, quelques moulins sont repris par d'autres industries. Des fabriques de couverts de table (dont certaines à l'effigie de Guy Degrenne), des filatures ou, plus tard, des centrales hydroélectriques ont ainsi succédé à l'industrie du papier.

La **haute vallée** de la **Sée**

Un professeur prédisait à Guy Degrenne un avenir incertain. C'est dans cette vallée qu'il bâtit sa première usine de couverts inoxydables et sa réussite industrielle.

1 Prendre le boulevard du Maine, puis la première route à droite. À l'intersection, obliquer à gauche et s'engager sur un chemin à droite ; au bout, touner à droite, prendre à gauche la route des Vallées Durand, puis tourner à gauche sur le chemin qui mène à Isambut. Traverser l'ancienne voie ferrée à droite puis bifurquer à gauche et gagner La Gallouinière. Emprunter la route à droite et aller à gauche pour rejoindre la D 279.

2 La suivre à droite sur 400 m. Prendre à gauche une voie goudronnée. Tourner à gauche sur un chemin en forte pente qui gagne Le Grand-Mont-d'Eron. Suivre la route à droite jusqu'à une fourche.

3 Prendre le chemin à droite. À la bifurcation, partir à gauche. Le chemin mène près de La Haise-Coquet. Franchir la route ; 50 m après, laisser la variante de Brouains à droite.

4 Suivre le chemin jusqu'au fond de la vallée. Traverser la D 911. Après avoir franchi la Sée, obliquer à gauche.

5 Emprunter à droite un chemin qui monte. Tourner à droite, traverser La Morandière et rejoindre la D 279. Descendre au carrefour et s'engager sur la D 596 puis à gauche sur un chemin qui monte. Avant le manoir, tourner à droite. Traverser la D 596 pour rejoindre la vallée sur la gauche.

6 Au Pont de la Forge, remonter à gauche sur 150 m et prendre le chemin à droite, puis prendre en face le sentier qui mène à Rochefort Continuer jusqu'à la D 82. L'emprunter à droite pour regagner Sourdeval.

LAIE ET SON MARCASSIN / DESSIN N.L.

S SITUATION
Sourdeval, à 13 km au sud de Vire par les D 577 et D 977

P PARKING
place de la mairie

/ DÉNIVELÉE
altitude mini et maxi, dénivelée cumulée à la montée

158 m — 258 m

B BALISAGE
jaune

! DIFFICULTÉS !
traversée de la D 911 **6**

À DÉCOUVRIR...

> **En chemin :**
• Brouains : chapelle de Montfort, vallée et moulin de la Sée (écomusée)

> **Dans la région :**
• Saint-Michel-de-Montjoie : parc musée du granit
• Ger : musée régional de la Poterie

ENVIRONNEMENT

AU PAYS DU GRANIT

Saint-Michel-de-Montjoie est une commune qui reflète l'identité de toute une région dont la renommée est basée sur l'extraction et le travail du granit. Symbole de pérennité, le « bleu de Vire » est extrait ici depuis des siècles pour les usages les plus divers. Parmi les réalisations les plus récentes des granitiers de Montjoie, citons le revêtement intérieur de la grande salle de l'Opéra Bastille. Malgré la concurrence de matériaux modernes, le granit connaît aujourd'hui un regain d'intérêt dans l'aménagement urbain, l'art, le génie civil, la recherche…

Cette ressource naturelle est le support d'une activité économique encore vivace : seul le granit de Montjoie est exploité en Normandie, troisième région française productrice après la Bretagne et la Lorraine.

LE MORTAINAIS / PHOTO CDT 50/H.G.

La **Vallée** de **Pierre-Zure**

Depuis les collines, où les pèlerins apercevaient le Mont Saint-Michel pour la première fois, jusqu'au ruisseau de Pierre-Zure, les ouvrages en granit témoignent de l'importance de cette activité traditionnelle de la région.

NOISETTES / DESSIN N.L.

1 Descendre à la D 39.

2 La prendre à gauche puis suivre la route qui longe le cimetière. Passer à La Martellière puis à L'Anfrière. Suivre le chemin à gauche puis la route jusqu'aux Jaunières. Obliquer à droite. Traverser la D 491 et continuer en face. Par un sentier sinueux, rejoindre le fond d'un vallon.

3 Suivre à gauche le chemin en lisière le long de la Dolaine (ou rivière de Pierre-Zure).

4 Franchir un ruisseau près des ruines du moulin, remonter sur 50 m et prendre le chemin de terre à gauche. À l'entrée du château, tourner à droite et gagner le bourg de Lingeard.

5 Contourner l'église et emprunter le chemin menant à une route. Au calvaire, continuer jusqu'à la D 33, la traverser et atteindre une route. Aller à droite. Après le virage, s'engager dans un chemin longeant le hameau du Bois. Obliquer à gauche. Plus loin, suivre un chemin d'abord forestier et rejoindre Le Crépon.

6 Emprunter la route sur 100 m. S'engager à droite sur un chemin qui traverse le bois. Aller à gauche. Traverser la D 33. Suivre la D 491 sur 150 m et tourner à gauche.

7 À l'intersection, aller tout droit. Poursuivre sur une voie goudronnée. Passer à La Potence puis au Bourg-Lopin. Après le virage, s'engager sur le chemin à droite pour gagner la D 39.

2 Rejoindre l'église à gauche.

S SITUATION
Saint-Michel-de-Montjoie, à 16 km au sud-ouest de Vire par les D 577, D 76, D 55 et D 39

P PARKING
place de l'Église

B BALISAGE
jaune

À DÉCOUVRIR...

> **En chemin :**
• Saint-Michel-de-Montjoie : parc-musée du Granit, carrières de granit

> **Dans la région :**
• Mortain : sites et monuments
• Bellefontaine : parc de loisirs du Village-Enchanté
• Ger : musée régional de la Poterie, parc de loisirs
• Brouains : vallée et moulin de la Sée (écomusée)

FAUNE ET FLORE
LES OISEAUX DU BOCAGE

RANDONNEURS / PHOTO CDT 50/S.B.

L'épais feuillage printanier ne facilite pas l'observation de petits passereaux. L'attention et l'habitude permettent de repérer aux cris et aux chants les nombreux oiseaux vivant dans la haie. Si la plupart construisent leur nid dans les branches, d'autres comme la mésange profitent d'un arbre creux ou d'un ancien nid de pic ; le troglodyte niche dans une boule de brindilles et de mousse, caché à l'abri d'une souche. Tous les étages de la haie se retrouvent colonisés.

Non seulement la haie offre le gîte, mais elle offre aussi le couvert. Rouges-gorges, accenteurs et pouillots y trouveront les insectes de leur menu. Le pinson vient décortiquer les graines tombées d'un hêtre. Les baies ou fruits de merisier, d'aubépine et de sureau attirent de nombreux amateurs, tels le merle et la grive.

Le **Val** d'**Enfer**

Ce n'est pas l'enfer, mais montées et descentes se succèdent sur les pentes très abruptes qui bordent le lit du Glanon.

1 Descendre le chemin situé à droite de la mairie

2 À droite, après une maison, gravir en sous-bois le sentier qui longe la lisière. Remonter la D 39 sur quelques mètres, puis prendre sur la gauche la voie d'accès à une maison. Rejoindre le bois de résineux. À l'intersection de chemins, aller à gauche. Contourner la retenue d'eau en franchissant le Glanon.

3 Descendre le long de la conduite d'eau sur 100 m. S'engager à droite dans le bois en suivant un sentier qui monte au-dessus d'une carrière désaffectée.

> **Attention : zone un peu chaotique depuis la tempête de 1999 (prudence).**

Il descend à la D 39. En face, légèrement à gauche, continuer la descente par le chemin empierré. Dans le virage, remonter à droite, puis prendre à gauche le sentier qui dévale la pente en lisière du bois sur quelques mètres et atteindre une intersection.

4 Poursuivre tout droit par le GR® 22 qui descend en pente raide *(prudence : passage délicat)* au bord du Glanon. Longer la rive droite de la rivière sur 500 m. Franchir la passerelle et continuer à droite par le chemin jusqu'à un croisement.

5 Continuer tout droit et déboucher sur une petite route. La prendre à gauche et regagner Saint-Pois.

TROGLODYTE MIGNON ET SON NID / DESSIN J.C. G.

S SITUATION
Saint-Pois, à 25 km à l'est d'Avranches par les D 911 et D 39

P PARKING
place de la Mairie

B BALISAGE
jaune

! DIFFICULTÉS !
• traversée d'une zone chaotique entre **3** et **4**
• passages très abrupts entre **4** et **5**

À DÉCOUVRIR...

> En chemin :
• site du val d'Enfer

> Dans la région :
• Saint-Michel-de-Montjoie : parc-musée du Granit
• forêt de Saint-Sever
• barrage et lac du Gast

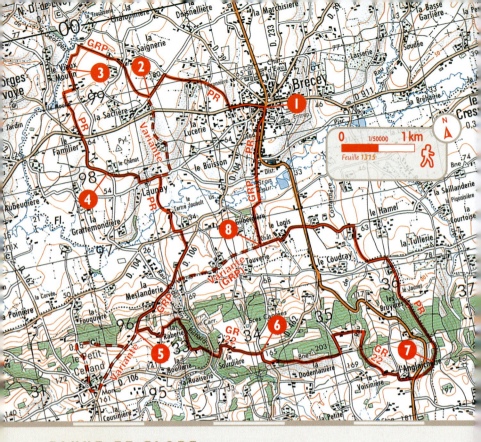

FAUNE ET FLORE

LE SAUMON ATLANTIQUE

L a Sée connaît chaque printemps d'abondantes remontées de saumons atlantiques, ce qui fait d'elle la première rivière à saumons de France. Le grand poisson migrateur attend l'hiver pour y frayer dans des zones au courant rapide et au fond pierreux que cache la surface animée de la rivière.

Éclos en février, les jeunes saumons, les tacons, passent leur première année dans l'eau douce de la Sée. Ils dévalent ensuite vers l'océan via la baie du Mont-Saint-Michel et s'y engraissent durant plusieurs hivers avant de reproduire le cycle et le parcours de leurs ascendants.

Le nombre de saumons que peut produire la rivière est limité, tout comme le nombre de prises autorisées. Le « surplus » de géniteurs offert aux pêcheurs permet ainsi de perpétuer une pêche mythique et rare.

SAUMON / PHOTO A.M.

Entre **Brécey** et **Le Petit-Celland**

PR® **8**

DIFFICILE

5 H • 20 KM

Avant de se jeter dans la baie du Mont-Saint-Michel, la Sée serpente dans la campagne brécéenne où elle fait le bonheur des pêcheurs de saumon.

1 Prendre la D 911 vers Tirepied, puis le chemin à droite. Passer La Rousselière, puis suivre la route à gauche.

2 Partir à droite, traverser la route et poursuivre en face. Tourner à gauche.

3 Continuer tout droit. À la sortie du hameau du Vivier, bifurquer à droite, puis tourner sur le chemin à gauche. Couper la D 911 et emprunter la route en face sur 300 m.

4 À l'entrée du Chenot, emprunter un chemin de terre puis suivre à gauche une route. Après Launay, partir à droite, franchir la Sée puis remonter et traverser le hameau du Tertre-Jouault. Prendre à gauche la D 104 sur 200 m et s'engager à droite sur un chemin empierré. Suvre à droite la D 106. Dans le virage, s'engager en face vers La Butte-Julien.

> Tout droit, par le GR® 22, possibilité de gagner Le Petit-Celland (gîte d'étape).

5 Prendre le chemin revêtu à gauche. Au croisement de La Raberie, tourner à gauche puis pénétrer dans le bois. Après une forte descente, franchir le ruisseau du Moulin-Richard et remonter à La Sourdière. Continuer par la route.

6 Au carrefour, emprunter la D 462 à droite puis le chemin de L'Aiglerie à gauche. Poursuivre par le chemin puis par une sente. Prendre la route à gauche puis la route de La Guette-de-Bas à droite. Franchir le ruisseau de la Costardière et longer le vallon à droite. Passer L'Anglaicherie, couper la D 999 et continuer par le chemin en face.

7 Au point de séparation du GR® 22, descendre tout droit jusqu'au lieu-dit Les Maisons. Prendre la route à gauche sur 200 m. Dans le virage, s'engager sur le chemin à droite, puis suivre la route à gauche. Couper la D 999 et continuer en face. Puis atteindre le château du Logis.

8 Prendre le chemin à droite, franchir la Sée sur le pont de bois et, par la route du Vieux-Bourg, rejoindre Brécey.

S SITUATION
Brécey, à 16 km à l'est d'Avranches par les N 176 et D 911

P PARKING
place de l'Hôtel-de-Ville

B BALISAGE
jaune

À DÉCOUVRIR...

> En chemin :
• Brécey : château du Logis (expositions)
• vallée de la Sée
• Le Petit-Celland : site des Troix-Croix

> Dans la région :
• Le Grand-Celland : mégalithes de La Pilière
• Avranches : jardin des plantes, trésor de Saint-Gervais, manuscrits du Mont-Saint-Michel (VIIIe-XVIe), musée municipal

UN BOCAGE À AMÉNAGER, UN PAYSAGE À MÉNAGER

PAYSAGE DE BOCAGE / PHOTO B.R./CDT 50.

Depuis 1967, 230 000 hectares de terres agricoles ont fait l'objet d'un remembrement dans le département de la Manche. Principalement concernées par ce remembrement, les haies composent cependant encore un réseau de plus de 85 000 kilomètres, soit deux fois le tour du globe.

Les aménagements fonciers, autrefois synonymes de déboisement excessif, savent désormais se montrer plus respectueux du paysage. Le maillage bocager retrouve ainsi pleinement ses fonctions et, par là-même, sa place dans l'avenir de la vie rurale. Outre la production de bois et la protection contre les intempéries (vent, pluie, sécheresse), il assure en effet un rôle écologique en servant de refuge et de voie de passage à de nombreuses espèces : oiseaux, petits mammifères et papillons font ainsi la joie des randonneurs.

Circuit du Pont-Davy

Une randonnée pour découvrir une variété de paysages où les vallons encaissés succèdent à de vastes panoramas.

RENARD / DESSIN N.L.

1 Du gîte d'étape, aller vers le bourg. Prendre la direction de Brécey sur 200 m et s'engager dans le bois. À son extrémité, suivre le chemin jusqu'à une intersection. Gagner la route et la prendre à gauche. À Maison-Neuve, emprunter le chemin goudronné qui mène aux Amenotières. Continuer à descendre sur 300 m.

2 Emprunter un chemin empierré à gauche. Franchir un ruisseau. Continuer jusqu'aux Forges. Traverser la D 362. Poursuivre sur un chemin revêtu puis sur un chemin de terre qui mène à une route.

3 Tourner à gauche.

4 Traverser la D 39. Après une forte descente, suivre le chemin le long du ruisseau jusqu'au Pont-Davy. Remonter la route sur 50 m et s'engager à droite sur un chemin empierré. Après La Porte, suivre la route à gauche pour rejoindre le gîte d'étape.

PAON-DU-JOUR / DESSIN P.R.

SITUATION
La Chaise-Baudouin, à 15 km au nord-est d'Avranches par les N 176 et D 39

PARKING
gîte d'étape

DÉNIVELÉE
altitude mini et maxi, dénivelée cumulée à la montée

170 m

70 m

BALISAGE
jaune

À DÉCOUVRIR...

> **En chemin :**
• vallon de Pont-Davy

> **Dans la région :**
• Villedieu-les-Poêles : musée de la « Poeslerie », atelier du cuivre, fonderie de cloches, maison de la Dentellière, musée de l'Etain, église Notre-Dame ; forêt de Saint-Sever
• Avranches : Jardin des Plantes, trésor de Saint-Gervais, manuscrits du Mont Saint-Michel, musée de la Seconde Guerre mondiale, musée municipal

La **Baie** du
Mont Saint-Michel

Inscrits par l'UNESCO dans la liste des sites du Patrimoine mondial culturel et naturel, le Mont et sa Baie réservent toujours des émerveillements à qui sait les observer.

S SITUATION
Genêts, à 10 km à l'ouest d'Avranches par la D 911

P PARKING
pont sur le Lerre

B BALISAGE
jaune

! DIFFICULTÉS !
en hiver ou par forte marée, les passages en bordure des herbus peuvent être très humides par endroits et difficiles à franchir

1 Face à la mer, partir sur la rive gauche de la rivière, vers le Sud, en empruntant le sentier du littoral en bordure des herbus. Passer en contre-bas de la chapelle Sainte-Anne. À l'approche de la pointe du Mont Manet, le sentier s'élève pour passer au bord des prés en surplomb des herbus et aboutit aux Porteaux.
> Le passage en contrebas est difficile en période pluvieuse ou de forte marée.
> Possibilité de gagner Genêts à gauche (circuit 5 km).

2 Aux Porteaux, redescendre sur le sentier du littoral et le suivre à la limite des herbus. Atteindre La Chaussée.

3 Continuer le long du littoral, passer près d'une grande ferme rénovée (musée) et poursuivre sur 400 m. Emprunter le chemin à gauche puis la route à droite jusqu'au parking de la pointe du Grouin du sud. Gagner l'extrémité de la pointe, puis descendre à gauche pour utiliser le sentier du littoral dans les herbus sur 600 m.

4 Prendre le chemin de terre à gauche, la route à droite sur 150 m, puis le chemin des Moines à gauche. À Saint-Léonard, utiliser la D 459 à gauche sur 80 m puis la rue des Chevaliers à droite. Suivre à gauche la D 591 sur 50 m puis contourner le prieuré par la droite et descendre dans le bourg pour regagner le littoral.

3 Suivre le sentier du littoral à droite jusqu'aux Porteaux.

2 Aux Porteaux, emprunter la route à droite sur 400 m. Dans le virage, utiliser à gauche un passage peu marqué dans un champ et continuer par le chemin. Il débouche sur une route face au stade. Le contourner par la droite pour atteindre la D 911, à l'entrée de Genêts.

5 Prendre en face la rue principale. Elle vire à gauche près d'un ancien moulin. Face à la poste, suivre la rue du Prieuré à droite. Au carrefour, tourner à gauche pour couper la D 911 et rejoindre les herbus par la rue du Haut-Moncel.

6 Longer le littoral à gauche pour regagner le parking.

À DÉCOUVRIR...

> En chemin :
• Genêts : village pittoresque, point d'information de la maison de la Baie (pour traverser la baie, il est conseillé de faire appel à un guide labellisé : renseignement auprès des OTSI du secteur)
• panorama sur la baie du Mont Saint-Michel
• pointe du Grouin-du-Sud (observation du mascaret lors des grandes marées)
• Saint-Léonard : village pittoresque, point d'information de la maison de la Baie, musée de la vie dans la baie

> Dans la région :
• Le Mont Saint-Michel

LES MOUTONS DE PRÉ SALÉ

Tous les mois, la mer recouvre durant quelques jours les prés qui bordent la baie. Les plantes qui poussent là résistent au sel de mer. Aussi, depuis le Moyen Âge, on élève sur ces prés salés (herbus) des moutons dont les qualités gastronomiques sont prisées des gourmets. Jadis de race ancestrale et originaires des grèves, les moutons d'aujourd'hui résultent de croisements avec des races anglaises. Plus de 10 000 ovins sont élevés sur l'ensemble des herbus de la baie. L'influence

SALICORNE / DESSIN N.L.

MOUTONS DANS LES PRÉS SALÉS AU PIED DU MONT SAINT-MICHEL / PHOTO CDT 50/B.R.

sur la végétation est considérable. Parmi la cinquantaine de plantes recensées, la fétuque rouge, la glycérie maritime et l'obione sont particulièrement prisées. Les agneaux obtiennent l'appellation « pré salé » après une pâture d'une soixantaine de jours.

RÉTABLISSEMENT DU CARACTÈRE MARITIME DU MONT-SAINT-MICHEL

Réputé pour ses grandes marées parmi les plus hautes d'Europe (de 13 à 14 mètres de marnage, ou d'amplitude), le Mont-Saint-Michel se voit peu à peu encerclé par les herbus. Le projet de rétablissement du caractère maritime du site – c'est-à-dire son désensablement – s'appuie principalement sur la force des marées et sur l'effet de chasse régulier provoqué par un nouveau barrage sur le Couesnon. Les parkings au pied du site et la digue-route laisseront place à un pont-passerelle – lequel libérera les courants – accessible aux navettes et aux piétons. Si les projets d'aménagement sont ambitieux, ils n'en sont pas moins respectueux du patrimoine et de l'environnement. La nature garde ses droits et la baie reste le théâtre de phénomènes surprenants tels que le mascaret. Ce mini raz-de-marée se forme lorsque la mer remonte et s'engouffre dans l'entonnoir formé par la baie. Cette vague, qui peut atteindre 80 centimètres, est favorisée par les forts coefficients de marée et se déplace, selon la légende, à la vitesse d'un cheval au galop.

SALICORNE EN BAIE DU MONT SAINT-MICHEL / PHOTO CDT 50/S.B.

LES CABANES VAUBAN

Elles furent construites sur le pourtour de la baie à la fin du XVIIe siècle, quand la défense du littoral fut réorganisée sous la direction de Vauban. Pendant 125 ans, ces cabanes servirent de guet pour les garde-côtes, recrutés parmi les habitants des villages voisins, chargés d'assurer « le guet de la mer ». Désaffectées après 1815, elles furent utilisées quelque temps par l'administration du Télégraphe et finirent par servir seulement d'abris occasionnels pour les douaniers.

CABANE VAUBAN / PHOTO CDT 50/S.F.

La **vallée** du **Lude**

Née, dit-on, d'un coup d'épée de l'archange Saint-Michel dans son combat contre Satan, la vallée du Lude est un site sauvage d'une grande richesse naturelle.

S SITUATION
Carolles, à 12 km au sud
de Granville par la D 911

P PARKING
vallée du Lude

B BALISAGE
jaune

! DIFFICULTÉS !
• descente du rocher du
Sard délicate entre **2** et **3**
• traversée de la D 911
entre **3** et **4**

SterNes / DESSIN P.R.

1 Du panneau du site, descendre vers le fond de la vallée, puis prendre à gauche la direction du pont Harel. Franchir une puis trois passerelles en bois et longer le bord du Lude. Le traverser sur le pont Harel et continuer à gauche sur 250 m. Monter à droite par le sentier à travers bois. Il aboutit sur une route. La suivre à droite et gagner le parking de la Cabane-Vauban. Au fond du parking à gauche, rejoindre le sentier du littoral.

2 Le suivre à droite. Passer la cabane Vauban et continuer jusqu'au rocher du Sard. Descendre à droite dans la vallée. Tourner à droite, puis grimper à gauche par le sentier qui monte sur l'autre versant. Il arrive à la table d'orientation, au-dessus de la plage de Carolles.

3 Traverser le parking. À la sortie du parking, s'engager à gauche sur le sentier qui longe le plateau puis descend sur une route. La suivre à droite et couper la D 911 *(prudence)*. Prendre en face le chemin en sous-bois qui mène à la vallée des Peintres. Juste avant le viaduc, gravir le sentier à droite pour atteindre l'ancienne voie ferrée.

4 La suivre à droite jusqu'à la D 261.

5 L'emprunter à droite et gagner l'église de Carolles. La contourner par la gauche et poursuivre par la rue de la Poste, la rue de la Croix et la rue Jacques-Simon, pour retrouver le parking du Lude.

À DÉCOUVRIR...

> En chemin :
• vallée du Lude
• cabane Vauban
• panorama sur la baie du Mont Saint-Michel
• vallée des Peintres

> Dans la région :
• plages de sable fin de Carolles, Jullouville et Saint-Pair
• Granville : pointe du Roc, Roc des Harmonies (aquarium), ports, haute-ville, jardin et musée Christian Dior
• Le Mont Saint-Michel
• abbaye de La Lucerne

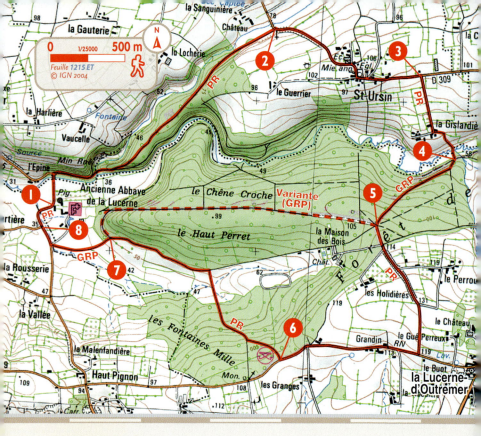

PATRIMOINE

L'ABBAYE DE LA LUCERNE

L'abbaye de La Lucerne, de l'ordre des Prémontrés, est fondée en 1143 à l'initiative d'un petit-neveu de Guillaume-le-Conquérant. En 1164 commence la construction de l'abbatiale, mi-romane mi-gothique. Maintes fois assaillie, pillée et saccagée pendant les guerres de religion mais toujours restaurée, celle-ci est vendue comme Bien national en 1791 avant d'être transformée en filature en 1798. Après la faillite de l'entreprise, les bâtiments cessent d'être entretenus et les pierres servent de matériaux de construction dans les environs. En 1959, sous l'impulsion de l'abbé Lelegard (décédé en 1994), l'Association des amis de l'abbaye de La Lucerne initie sa consolidation, puis sa restauration, cela avec des résultats remarquables.

ABBAYE DE LA LUCERNE D'OUTREMER / PHOTO CDT 50

Circuit de l'Abbaye

PR® 12

FACILE

3H • 9KM

Entre forêt de la Lucerne et vallée du Thar, quel remarquable décor naturel pour goûter aux charmes d'un ensemble monastique patiemment restauré.

MÉSANGE CHARBONNIÈRE / DESSIN N.L.

> **Attention, la forêt est privée : ne pas s'écarter de l'itinéraire balisé.**

1 Face à l'entrée de l'abbaye, suivre la D 105 à gauche. Traverser le pont sur le Thar et prendre à droite le large chemin entre forêt et rivière sur 300 m. Franchir un ruisseau sur une passerelle et prendre le chemin le plus à gauche.

2 Près du calvaire, emprunter la D 309 à droite et traverser Saint-Ursin. Passer près de l'if millénaire et continuer par la D 309 sur 500 m.

3 Tourner à droite vers La Gislardière. À l'entrée du hameau, prendre à gauche le chemin qui descend au Thar et le franchir.

4 À la croisée des chemins, suivre celui de droite. Il monte dans la forêt et aboutit à une intersection de sept chemins.

> **Variante** *(circuit de 7,5 km)* : suivre le chemin à droite *(balisage jaune-rouge)*.

5 Prendre à gauche la voie carrossable empierrée puis bitumée et déboucher sur la D 109. La suivre à droite sur 1 km.

6 Près d'un parking en bord de route, entrer dans la forêt par le chemin qui descend puis traverse une zone de prairies. Pénétrer de nouveau dans la forêt en prenant à gauche le chemin en lisière.

7 À l'intersection, poursuivre par le chemin en face et emprunter la D 105 à droite.

8 Au carrefour routier, continuer par la D 105 pour rejoindre l'abbaye.

S SITUATION
La Lucerne-d'Outremer, à 15 km au sud-est de Granville par les D 973, D 109 et D 105

P PARKING
abbaye de la Lucerne

B BALISAGE
jaune

À DÉCOUVRIR...

> **En chemin :**
• abbaye de la Lucerne
• Saint-Ursin :
if millénaire
• forêt de la Lucerne

> **Dans la région :**
• Saint-Jean-des-Champs : écomusée du cidre et de la ferme
• Equilly : manoir
• Granville : pointe du Roc, Roc des Harmonies (aquarium), ports, haute-ville, jardin et musée Christian Dior
• plages de sable fin de Carolles, Jullouville, Saint-Pair
• baie du Mont-Saint-Michel

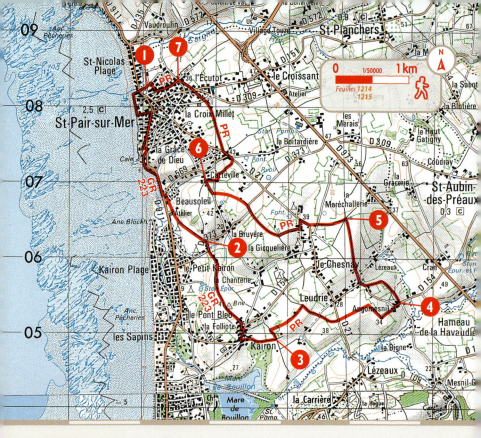

TRADITION

LES BAINS DE MER

C'est au début du XIXe siècle que cette mode, d'origine anglaise, prit véritablement son essor le long de notre littoral. Les estivants, à cette époque, enfilent les maillots pour soulager toutes sortes de maux ! Dans la seconde moitié du XIXe siècle, le bain de mer devient un véritable loisir : on voit fleurir, le long des plages, les cabines et les planches, les villas et casinos. Le développement du chemin de fer entre la capitale et la Normandie contribuera à accroître ce phénomène.

Certaines communes de la côte ouest en tireront bénéfice en accueillant une population estivale importante et bourgeoise. Il faudra attendre 1936 et les congés payés pour que la mode des bains de mer se démocratise.

LES BAINS DE MER / CARTE POSTALE ANCIENNE DU MUSÉE DU VIEUX GRANVILLE

Le **Quéronnais**

Habitées depuis les premiers siècles après J.-C., Saint-Pair et Kairon sont aujourd'hui des stations balnéaires convoitées où les charmes de l'arrière-pays s'ajoutent à ceux du littoral.

1 Partir en direction de la plage par la rue Saint-Pierre et utiliser à gauche la digue-promenade jusqu'à la rue de Scissy. Remonter cette rue et prendre la route de Jullouville à droite sur 400 m. Emprunter à droite la rue Fontaine Saint-Gaud puis le dernier chemin à gauche avant la mer. Au sommet de la côte, s'engager à droite dans l'allée de la Corniche qui domine la mer et longer le bord de mer jusqu'à la sortie du parking de l'embouchure du Thar. Traverser la D 911, suivre la D 569 sur 20 m puis tourner sur le chemin à droite et déboucher sur la D 373.

2 L'emprunter à droite sur 100 m. Dans le virage, prendre le chemin en face sur 200 m, puis s'engager sur le chemin à droite. Il conduit dans Kairon. Traverser le hameau à droite, passer derrière l'église et poursuivre par le chemin ombragé.

3 Au croisement, se diriger à gauche sur 50 m, puis prendre le sentier étroit qui monte au sommet de la colline. À l'intersection, tourner à droite. Traverser la D 21 et continuer jusqu'à Angomesnil. Poursuivre par la D 154 sur 100 m.

4 S'engager sur le chemin à gauche. Prendre la D 154 à droite. Au calvaire, partir à droite et poursuivre jusqu'à un carrefour de chemins.

5 Tourner à gauche, couper la route, puis emprunter la D 21 à droite sur 150 m. Se diriger à gauche vers Crécey, puis virer à droite. À la bifurcation, aller à droite, continuer par la D 373 sur 30 m, puis poursuivre par le chemin en face. Prendre la route à droite sur 150 m et gagner Catteville.

6 Partir à droite. Tourner à gauche puis à droite, puis suivre la D 21 à gauche. Passer le carrefour des Trois-Croix, puis s'engager sur le deuxième chemin à droite. Continuer par les rues des Hauts-Vents et des Ardilliers.

7 Prendre à gauche la rue Saint-Michel, à droite la ruelle du Bief, à gauche l'avenue Jozeau-Marigné et rejoindre l'église.

PR® 13

MOYEN

3H • 12KM

S SITUATION
Saint-Pair-sur-Mer, à 4 km au sud de Granville par la D 911

P PARKING
place de l'Église

B BALISAGE
jaune

À DÉCOUVRIR...

> En chemin :
• plage
• embouchure du Thar
• bord de mer

> Dans la région :
• Granville : pointe du Roc, Roc des Harmonies (aquarium), ports, haute-ville, jardin et musée Christian Dior
• abbaye de la Lucerne
• falaises de Champeaux (point de vue sur la baie)

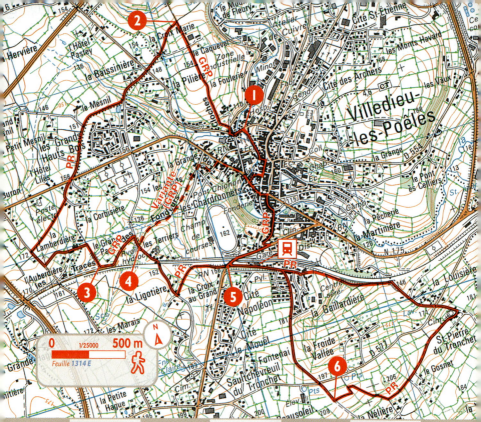

PATRIMOINE

VILLEDIEU, DE CUIVRE ET DE CLOCHES

ARTISANAT DU CUIVRE / PHOTO S.B./CDT 50

Depuis le XIIᵉ siècle, poêles et autres articles illuminent de leurs reflets cuivrés les ruelles de la première commanderie des chevaliers de Malte. Loin de tout gisement, le Villedieu s'est développé sur la route du cuivre (Espagne-Angleterre) grâce aux privilèges de cet ordre : octroi d'un droit de marché, exonération de devoir militaire, de taxes royales et épiscopales. Au XVIIIᵉ siècle, la dinanderie occupe 600 artisans ! Leur travail assourdissant vaut d'ailleurs aux habitants le nom de « sourdins ». Un siècle plus tard, le développement des transports ferroviaires permet aux fondeurs de se sédentariser. La célèbre fonderie de cloches Cornille-Havard où s'exerce le dernier maître d'art, est l'héritière de trois fonderies qui s'installèrent alors. Tendez l'oreille, le tintement de ses carillons devrait accompagner votre randonnée.

La **ceinture verte** de **Villedieu**

À quelques pas du centre de la cité du cuivre et de sa fonderie de cloches, vous êtes immergés au cœur d'un bocage verdoyant et vallonné, où les points de vue remarquables se succèdent au gré du relief.

S SITUATION
Villedieu-les-Poêles, à 28 km à l'est de Granville par la D 924

P PARKING
place des Quais

B BALISAGE
jaune

! DIFFICULTÉS !
traversée des D 9 et D 924 entre **2** et **3** et de la N 175 en **5**

1 De la place des Quais, prendre à gauche la rue Jean-Gaste, franchir la Sienne et tourner deux fois à droite pour emprunter la route de la Foulerie sur 70 m. Grimper à gauche par le chemin de terre et traverser une voie bitumée.

2 Prendre le chemin à gauche. Au calvaire de La Croix-Marie, poursuivre en face par la petite route qui traverse la D 9. En bas de la côte, s'engager à droite sur le sentier qui longe la cité du Mesnil. Couper la D 924. Après un virage à gauche, tourner à droite sur le chemin, puis emprunter la D 33 à gauche sur 150 m.
Prendre la route à gauche et, à l'extrémité du hameau de La Lamberdière, emprunter le chemin herbeux à droite.

3 Tourner à gauche en bordure de la voie ferrée puis emprunter la route à droite sur 80 m.
> Variante : à gauche, le chemin de la Grange permet de regagner le centre-ville *(balisage jaune-rouge)*.

4 Continuer par la petite route, franchir le passage à niveau et atteindre La Ligotière. S'enfoncer à gauche dans un sentier vers un ru, puis remonter à proximité du champ de courses et déboucher face à la gare.

5 Traverser la N 175, passer devant la gare, puis monter à droite. Couper la D 577 et continuer en face sur 150 m.

6 Prendre le chemin de terre à gauche. Plus loin, il atteint Saint-Pierre-du-Tronchet. Après l'église, descendre à gauche et traverser la D 577. Juste avant la voie ferrée, suivre à gauche le chemin qui la longe. Il ramène à la gare. Rejoindre la N 175.

5 Descendre l'avenue du Maréchal-Leclerc (N 175) sur 250 m, puis l'escalier à gauche et continuer par la rue du Pavé puis la rue Gambetta. Près de l'église, prendre à gauche la rue du Pont-Chignon et passer devant la fonderie de cloches. Tourner à droite dans la rue du Reculé. Traverser la place du Pussoir-Fidèle. Remonter à gauche la rue piétonne du Docteur-Havard, puis suivre à gauche la rue des Mouliniers qui rejoint la place des Quais.

À DÉCOUVRIR...

> En chemin :
• Saint-Pierre-du-Tronchet : village pittoresque, église, panorama
• Villedieu-les-Poêles : fonderie de cloches, maison du Meuble, maison du Cuivre, maison de l'Étain, maison de la Dentellière, école de la Dentelle, atelier du Cuivre, royaume de l'Horloge, église Notre-Dame

> Dans la région :
• Champrepus : parc zoologique
• forêt de Saint-Sever
• Hambye : abbaye et retable de l'église paroissiale

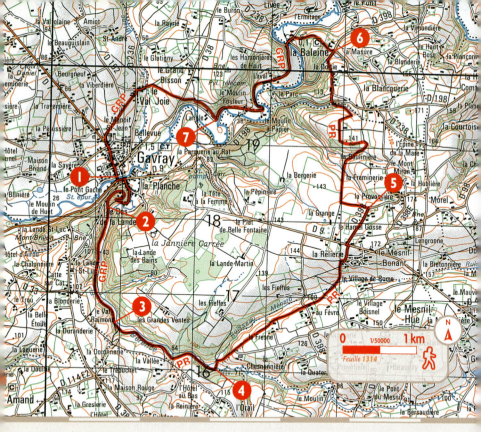

PATRIMOINE

LE CHÂTEAU DUCAL DE GAVRAY

La cité de Gavray jouit d'un illustre passé. Des historiens y situent, en 57 avant J.-C., le lieu d'affrontement entre une troupe de Gaulois, menée par Viridorix, et un envoyé de César, pour soumettre les irréductibles Gaulois d'Armorique. Au XIᵉ siècle, Henri Iᵉʳ, fils de Guillaume le Conquérant, y fait édifier une puissante forteresse, dont il ne reste aujourd'hui que des ruines. Au XIVᵉ siè-

CHAPELLE DE LA BALEINE / PHOTO J.P.B.

cle, ce château, considéré comme « un des plus beaux castels de Normandie », résiste au siège mené par Du Guesclin. La guerre de Cent Ans achevée, son intérêt militaire est moindre et il sera progressivement démantelé. Le site vient d'être aménagé ; des vestiges mis au jour par des fouilles menées depuis 1980 y sont présentés et commentés.

Entre **Sienne** et **Bérence**

PR® 15

MOYEN

4H • 16,5KM

Cet itinéraire au fil de l'eau dessine une vaste boucle sur les limites de l'antique forêt royale de Gavray et ménage constamment des perspectives grandioses sur les vallées.

1 Franchir la Sienne, emprunter à gauche la D 9 sur 150 m, se diriger à droite à travers le vieux village sur 200 m, puis bifurquer à droite. Plus loin, monter à droite le grand escalier et grimper par le sentier très abrupt qui mène aux ruines du château ducal de Gavray. Contourner le site par la droite. À son entrée principale, descendre à gauche par le sentier qui rejoint la vallée de la Bérence.

2 Poursuivre à droite par le large chemin qui longe la rivière, sur 1,5 km et arriver à une intersection.

3 Continuer le long de la rivière jusqu'à une nouvelle intersection.

4 Aller à gauche pour franchir la Bérence, puis après 50 m, emprunter le chemin à droite sur 1 km. Traverser la D 398 et continuer en face jusqu'à La Relierie. À l'entrée du hameau, prendre la route à gauche. Couper la D 9 et poursuivre par la D 398 sur 500 m.

5 Dans le virage, utiliser le chemin à gauche sur 400 m, puis tourner à droite, descendre pour franchir le ruisseau puis remonter. Laisser un chemin sur la droite. Enjamber un second ruisseau, puis tourner à gauche (bien suivre le balisage). Couper la D 198 et poursuivre en face vers La Doitie. Descendre tout droit jusqu'à une petite route et la suivre sur 200 m.

6 Au carrefour, tourner à gauche, passer près de la chapelle, jusqu'au village pittoresque de la Baleine. Franchir le pont sur la Sienne et longer à gauche la vallée de la Sienne, d'abord par une voie bitumée jusqu'à Laval, puis par un chemin parfois humide qui mène au moulin Fouleur. Continuer par la petite route.

7 Avant le hameau de Langle, monter à droite par le chemin qui passe dans le bois au-dessus du village. En haut, suivre le chemin à gauche. Traverser la D 38 et continuer vers Le Val-Joie. Prendre la D 236 à gauche sur 40 m, puis bifurquer sur le chemin à droite. Aboutir au cimetière de Gavray. Descendre à gauche par la D 102 qui ramène au bourg.

S SITUATION
Gavray, à 26 km au nord-est de Granville par les D 924 et D 7

P PARKING
place de l'Hôtel de Ville

B BALISAGE
jaune

! DIFFICULTÉS !
traversée de la D 9 entre **4** et **5** puis de la D 38 entre **7** et **1**

À DÉCOUVRIR...

> **En chemin :**
• Gavray : village pittoresque, anciennes maisons de tisserands
• ruines du château ducal
• vallée de la Bérence
• La Baleine : village pittoresque, église, chapelle, andouillerie

> **Dans la région :**
• Hambye : abbaye et retable de l'église paroissiale • Saint-Denis-le-Gast : habitat traditionnel • Villedieu-les-Poêles : fonderie de cloches, maison du Meuble, maison du Cuivre, maison de l'Etain, maison de la Dentellière, école de la Dentelle, atelier du Cuivre, royaume de l'Horloge, église Notre-Dame

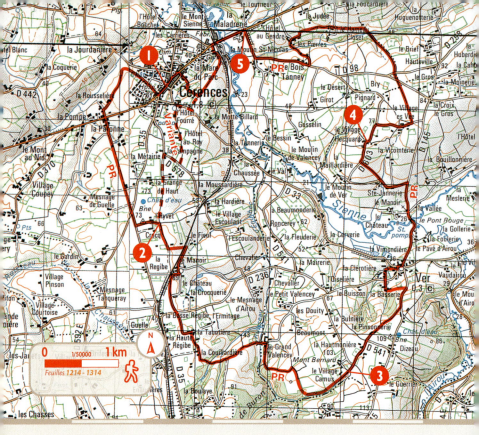

TRADITION

CÉRENCES : UN DRÔLE DE NEZ…

Au creux des vallons, les sentiers boisés mènent à d'étranges découvertes. Ici, les légendes rejoignent la grande histoire de France. Connaissez-vous Nez d'argent ? Le petit cimetière de Bourey lui doit sa célébrité. À l'ombre du clocher, une stèle entourée d'une palissade de fer forgé : Jacques Vibert y repose. Courageux soldat, intrépide, chevalier de la Légion d'honneur, l'enfant du pays est plus connu sous le pseudonyme de « Nez d'argent » parce qu'une vilaine blessure de guerre mutila une partie de son visage, recouvert d'un masque de cuir et de métal jusqu'à sa mort. La promenade autour de Cérences est riche de ces histoires devenues légendes. Dans ce paysage que dessinent les courbes de la Sienne, le bocage a des allures de jardin secret.

SENTIER BOISÉ / PHOTO S.B./CDT 50

Les **vallons** de **Cérences**

C'est à travers des espaces boisés et par les chemins creux ombragés du bocage que le randonneur ira à la rencontre du Nez d'argent.

1 De la place de l'église, prendre la première ruelle après la rue des Douves. À la sortie de la cité, descendre par le chemin d'en face. Suivre à gauche un chemin bordé de peupliers qui mène à La Paronne. Traverser la D 13. Avant La Rochaizerie, s'engager sur un chemin qui monte à la D 35. La suivre en face sur 100 m. Tourner à gauche et passer L'Hyvet.

2 Au carrefour, emprunter le chemin à droite. Bifurquer à gauche, passer sous la ligne de chemin de fer. À droite passer près du cimetière de Bourey. Rejoindre à droite la voie de chemin de fer sans la traverser. S'engager à gauche vers La Tabutière. Aller à droite. Passer La Couillardière et gagner l'entrée du Grand-Valencey. S'engager à droite.

3 Emprunter la D 541 sur 400 m. Dans le virage, aller vers La Pinsonnerie. Suivre une route sur quelques mètres et prendre un chemin qui descend à la D 236. Rejoindre Ver. Aller en direction de Lengronne. Après avoir franchi La Sienne, suivre à gauche la D 603 sur 300 m. Au second virage, s'engager sur un chemin. Tourner à droite sur la D 603.

4 Au Village Hecquard, continuer la route jusqu'à l'intersection puis prendre à droite jusqu'au Village-es-Vée, continuer. Peu après la sortie de ce hameau, s'engager à gauche sur un chemin. Franchir la D 298. Passer Closet, Les Pierres puis Vidis. Emprunter la D 98 à droite sur 1,2 km.

5 Suivre la D 13 à gauche sur 500 m. Après la voie de chemin de fer, s'engager à gauche sur le chemin de la Butte aux loups. Plus loin, virer à droite vers le centre de Cérences.

FAUCON CRÉCERELLE / DESSIN N.L.

S SITUATION
Cérences, à 16 km au nord-est de Granville par les D 971 et D 13

P PARKING
place de l'église

B BALISAGE
jaune

! DIFFICULTÉS !
traversée de la D 13 entre **1** et **2**

À DÉCOUVRIR...

> **En chemin :**
• bocage et vallée de la Sienne

> **Dans la région :**
• Hambye : abbaye et retable de l'église paroissiale
• La Baleine : village pittoresque, andouillerie, vallée de la Sienne
• Champrépus : zoo
• Regnéville-sur-Mer : ruines du château, église, havre, musée des Fours à chaux

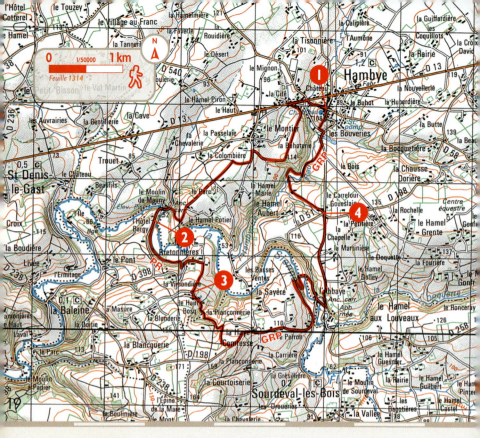

HAMBYE : COMME UNE PRIÈRE…

L'abbaye d'Hambye, fondée au XIIᵉ siècle par les Bénédictins, connut une grande prospérité aux XIIIᵉ et XIVᵉ siècles avant de décliner. Au XVIIIᵉ siècle, il ne restait plus sur place qu'une poignée de moines sans moyens et la Révolution lui fut presque fatale. Vendue comme carrière de pierres en 1810 (on retrouve ici ou là quelques morceaux choisis dans le paysage environnant le long des chemins

ABBAYE D'HAMBYE / PHOTO S.B./CDT 50

de fermes), elle y perdit façade, toiture et cloître. La visite de cet édifice nous conduit aux lieux de vie et de prière : l'église abbatiale, la sacristie, la salle capitulaire, le parloir avec ses peintures du XIIIᵉ siècle, le chauffoir (ancien scriptorium des moines copistes qui fut transformé en salle à manger) la cuisine et les bâtiments agricoles dans lesquels on découvre un pressoir du XVIIᵉ siècle.

Entre **Sienne** et **Hambyotte**

Des sites au riche passé ponctuent ce circuit qui vous entraîne dans les vallées verdoyantes de la Hambyotte et de la Sienne dont le bocage est si bien préservé.

BUSE VARIABLE / DESSIN N.L.

1 De la place Jeanne-Painel, quitter le bourg par la ruette aux Sorciers. Franchir le pont sur la Hambyotte. À gauche, monter la D 13 sur 200 m. Prendre à gauche le chemin du mont Cauvet. Il permet d'atteindre les bois. Au bas du sentier pentu et ombragé, aller à droite. Rejoindre une route. La suivre sur 200 m à gauche. À L'Hôtel-Yvée, aller à droite, puis à gauche. Atteindre un carrefour de chemins près d'une ferme. Continuer tout droit sur 500 m. Après Le Hamel-Potier, descendre à droite. Rejoindre Le Moulin-de-Mauny. Franchir la Sienne. Emprunter la D 398.

2 À Vauvenard, descendre à gauche. Au niveau de la Sienne, poursuivre en lisière jusqu'à la route. À gauche, traverser Les Bretonnières. À la sortie du hameau, monter un chemin. Rejoindre une route.

3 Se diriger, à gauche, traverser Le Haut-Bosq. Emprunter un chemin. Avant La Plançonnerie, prendre à droite un chemin en surplomb. À 200 m, tourner à gauche puis rejoindre La Haie-Comtesse par la D 198. Suivre la D 51 sur 100 m puis prendre à gauche le chemin surplombant la Sienne, la franchir sur une passerelle, à droite ; emprunter la D 51, puis à gauche la route menant à l'abbaye. Près de la porterie, prendre à gauche un sentier botanique qui s'élève dans les bois. Emprunter une route à gauche. Poursuivre vers La Martinière et la D 51.

4 Au Carrefour-Goueslain, traverser et prendre un chemin qui descend dans la vallée jusqu'à la Hambyotte. Monter 100 m après le pont de pierre et à droite, après avoir de nouveau franchi le ruisseau, rejoindre la D 51. La suivre à gauche. Longer les lagunes. Aller à gauche ; 50 m après le calvaire, suivre un sentier à droite qui rejoint le bourg d'Hambye.

S SITUATION
Hambye, à 27 km au sud-ouest de Saint-Lô par les D 999 et D 13

P PARKING
place Jeanne-Painel

B BALISAGE
jaune

! DIFFICULTÉS !
traversée de la D 51 entre **3** et **1**

À DÉCOUVRIR...

> En chemin :
• Hambye : retable de l'église paroissiale, lavoirs, fontaine, calvaires, site naturel de Mauny
• La Haye-Comtesse : église, panorama ; abbaye XIIe

> Dans la région :
• La Baleine : village pittoresque, vallée de la Sienne, andouillerie
• Gavray : vestiges d'un ancien château fort, faubourg de La Planche (anciens quartiers des tisserands et des tanneurs)
• Percy : le mont Robin (panorama sur le bocage)
• Montbray : bourg de caractère

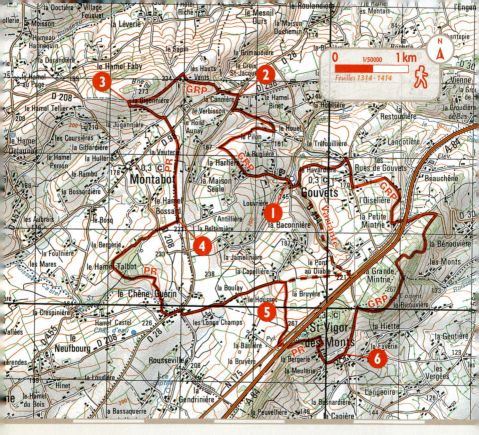

GASTRONOMIE

GOUVETS : UN GRAND CRU

La promenade tracée dans le bocage mène au pays des pommiers, dans ce petit bourg du canton de Tessy-sur-Vire qui s'est fait une belle réputation en organisant chaque année son concours du meilleur cidre. La « pomme d'or » de Gouvets récompense les crus de l'année et les candidats sont légion. Le trophée, une pomme de laiton recouverte d'or fin, est convoité par les très nombreux agriculteurs qui chaque année, en août, se pressent pour présenter leurs plus beaux crus. On attribue aussi aux lauréats de jeunes plants de pommiers qui prennent racine dans le bocage environnant. Avec 1 200 000 pommiers sur près de 12 000 hectares, la Manche figure parmi les premiers producteurs de pommes ; chaque année, elle livre 12 % des pommes destinées à la fabrication de cidre, calvados et pommeau.

RAMASSEUR DE POMMES / PHOTO P.-Y.L.M.

Autour de **Gouvets**

DIFFICILE

4H30 • 18KM

La Gouvette coule au fond d'une vallée remarquable avant d'aller se jeter dans la Vire. Ses eaux poissonneuses bien oxygénées attirent de nombreux pêcheurs.

S SITUATION
Gouvets, à 25 km au sud de Saint-Lô par la D 28

P PARKING
église

B BALISAGE
jaune

! DIFFICULTÉS !
traversée de la N 175 entre **5** et **6** puis **6** et **1**

❶ Emprunter la route C 5. Au hameau de La Harlière, suivre le chemin à droite. Il vire à droite et arrive à un carrefour. Tourner à gauche, franchir la rivière et prendre le chemin à gauche. Monter par la D 28 à droite sur 200 m.

❷ S'engager sur le chemin à gauche. Descendre par la D 98 à gauche sur 150 m, tourner à droite et gagner Les Hauts-Vents, puis suivre la route à gauche et continuer par le chemin de crête sur 700 m.

POMME / DESSIN N.L.

❸ Au croisement, descendre à gauche, passer La Gigonnière, traverser la D 98 et continuer par le chemin sur 1,3 km.

❹ Tourner à droite, couper la D 208 et poursuivre par le chemin qui contourne La Bruyère-Castel. Franchir le ruisseau et rejoindre Le Chêne-Guérin. Prendre la route à gauche, puis la route à droite et la route à gauche. Elle passe Les Longs-Champs et Le Houssel.

❺ Dans le virage avant La Capellière, continuer par un chemin gravillonné sur 50 m, puis tourner à droite et rejoindre la N 175. La traverser *(prudence !)*, poursuivre à gauche, puis utiliser à droite le pont sur l'A 84, destiné à la faune. Se diriger à gauche sur 10 m, puis descendre par le sentier boisé à droite pour gagner le calvaire. Tourner à droite et atteindre Saint-Vigor-des-Monts.

❻ Monter par la D 454 sur 600 m, puis se diriger à droite vers la table d'orientation. Continuer par le chemin tracé à travers le bois jusqu'à la route et aller à gauche. Franchir le pont sur l'A 84. Après celui-ci, descendre en contrebas à droite le long de La Petite-Mintrie et poursuivre par le sentier jusqu'à L'Oiselière. Prendre la D 17 à droite. Au carrefour de La Tréfouillère, emprunter la route à gauche pour descendre au bourg de Gouvets.

À DÉCOUVRIR...

> En chemin :
• Saint-Vigor-des-Monts : panorama des Bruyères, calvaire, église Saint-Vigor, table d'orientation
• Gouvets : église et plans d'eau

> Dans la région :
• Villedieu-les-Poêles : fonderie de cloches, maison du Meuble, maison du Cuivre, maison de l'Étain, maison de la Dentellière, école de la Dentelle, atelier du Cuivre, royaume de l'Horloge, église Notre-Dame
• Condé-sur-Vire : roches de Ham (panorama sur la vallée de la Vire), base nautique

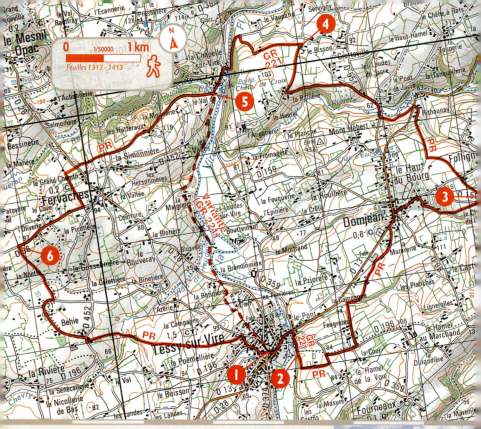

TRADITION

LA CHAPELLE-SUR-VIRE ET SES LÉGENDES

LA CHAPELLE-SUR-VIRE / PHOTO
CDC DE TESSY-SUR-VIRE

Dans la vallée de la Vire, au XIIᵉ siècle, Robert de Tregoz fit édifier, au pied de la rivière, une petite chapelle pour son château. Bien des années plus tard, deux pêcheurs découvrirent au fond de l'eau une petite statue de pierre représentant sainte Anne portant Marie et Jésus. La statue rapportée sur les rives se fracassa en deux, puis se recolla comme par miracle l'instant d'après. Cette curieuse pêche allait faire naître le pèlerinage de la Chapelle-sur-Vire. Une deuxième découverte tout aussi mystérieuse se produisit au XVIᵉ siècle. En effet, un agneau permit de trouver une Vierge à l'Enfant en bois, dissimulée sous terre. La Chapelle-sur-Vire devint alors l'un des plus importants lieux de pèlerinage de toute la région. Sa célébrité fut amplifiée au cours des années par des guérisons miraculeuses comme en témoignent les ex-voto.

Entre **Vire** et **Marqueran**

Entre Tessy et La Chapelle, de part et d'autre de la vallée de la Vire, cette balade par monts et par vaux immerge le promeneur au cœur du bocage.

1 Suivre la D 13 en direction de Domjean, franchir la Vire, prendre à droite la route de Fourneaux sur quelques mètres, puis s'engager sur le chemin qui longe la rivière.

2 Prendre le sentier qui monte à gauche, puis la D 359 à gauche et la D 196 à droite, sur 400 m. Partir à gauche et suivre le chemin qui monte à La Mazurerie. Traverser le hameau, puis suivre à droite la D 13 jusqu'à Domjean. Emprunter à droite la D 159 sur 600 m. Tourner à droite vers La Mastière, puis continuer par un chemin. Suivre à gauche la D 159 sur 50 m, puis tourner à droite.

3 Virer à gauche. Couper la route, continuer en face et, à la croisée des chemins, descendre par le chemin à droite pour gagner Pithaunay. Traverser la D 13 et emprunter, en face, le chemin. Prendre la route à droite, franchir le pont et poursuivre à gauche vers La Pallière. À l'entrée du hameau, tourner à droite pour rejoindre Le Bisson

4 Se diriger à gauche, traverser Le Bosq-Patin et descendre par la route pour gagner La Chapelle-sur-Vire. Franchir la Vire, passer devant la chapelle, enjamber le Marqueran et arriver à une intersection.

> **Variante** *(circuit total de 15 km)* : continuer par la route et suivre le GR® 221 *(voir au passage la grotte du Diable)* qui ramène à Tessy-sur-Vire *(balisage blanc-rouge)*.

5 Prendre le chemin à droite pour monter aux Hutteraux. Continuer tout droit par le chemin de terre, traverser la D 28 et poursuivre en face. Tourner à gauche, puis emprunter la D 96 à droite sur 1 km et passer L'Oliverie.

6 Partir à gauche, franchir le ruisseau et prendre à droite la D 177 jusqu'au deuxième virage. S'engager sur le chemin à gauche. Il aboutit sur la D 452 à La Fouquerie. Se diriger à droite dans le hameau, puis tourner à gauche. Franchir le ruisseau, puis remonter par le sentier le long d'un affluent, sur l'autre versant. Au croisement, continuer tout droit puis, au calvaire, virer à droite. Poursuivre tout droit pour regagner l'église.

S SITUATION
Tessy-sur-Vire, à 18 km au sud de Saint-Lô par la D 2

P PARKING
place du Marché

B BALISAGE
jaune

À DÉCOUVRIR...

> **En chemin :**
• La Chapelle-sur-Vire : lieu de pèlerinage, édifice néogothique (expositions, statue XIIe et XIVe), chemin de croix XIXe, chemin de halage
• grotte du Diable
• Tessy : parc de l'église (if multiséculaire)

> **Dans la région :**
• Condé-sur-Vire : roches de Ham (panorama sur la vallée de la Vire), base nautique
• Torigni-sur-Vire : château des Matignons, église XIe

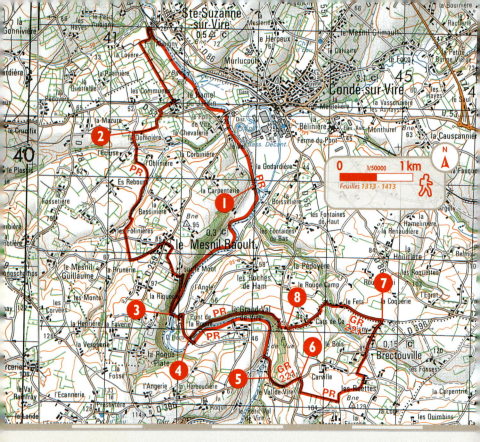

LA VIRE, ANCIENNE VOIE NAVIGABLE

GABARE SUR LA VIRE / PHOTO P.-Y.L.M./CDT 50.

Canalisée au début du XIXe siècle, la Vire comptait 19 écluses. À l'apogée du trafic fluvial, 200 bateaux à fond plat (les gabares) transportaient des matériaux lourds de la baie des Veys à Pont-Farcy. Difficile à charrier par les chemins creux, la tangue (sable vaseux utilisé comme engrais) a ainsi permis de développer l'agriculture de la région.

L'essor des transports routiers et ferroviaires a fait perdre au fleuve son statut de voie navigable en 1926. Certains témoins de cette période se laissent encore admirer aux abords du cours d'eau : écluses, barrages et quais à tangue contribuent à renouer avec le passé, d'autant plus agréablement que *La Saint-Loise*, une gabare reconstituée en 2001, permet de les découvrir en naviguant.

Les **roches** de **Ham**

Du haut des falaises abruptes des roches de Ham, la vue est remarquable sur la vallée de la Vire et le chemin de halage où les chevaux ont cédé la place aux randonneurs.

1 Prendre le chemin de halage à droite, traverser la D 53 et poursuivre par le chemin de halage. Au pont de Sainte-Suzanne, monter à gauche par la route de Paradis. Dans le second virage, continuer tout droit par le chemin. À l'entrée du Hamel-du-Jardin, tourner à droite. Emprunter la D 53 à gauche sur 50 m puis la route à droite. Virer à droite, et passer La Dolinière.

2 Se diriger à gauche et contourner L'Oblinière par le large chemin qui devient plus étroit. Couper la route, puis prendre la route à gauche et gagner Le Mesnil-Raoult. Avant l'église, emprunter la rue à droite sur 150 m. S'engager sur le chemin à droite, puis descendre à gauche par le chemin empierré et arriver au pont de la Roque.
> Variante *(circuit de 11 km)* **: possibilité de regagner le parking par le chemin de halage à gauche.**

3 Franchir le pont et poursuivre par la route. Au carrefour, virer à droite et atteindre un pont sur la Vire.

4 Le traverser et emprunter à gauche le chemin de halage jusqu'au pont Hébert. Remonter sur la route, franchir le pont et poursuivre par la D 396 sur 300 m.

5 Grimper par le chemin à gauche jusqu'à la D 551.

6 La suivre à droite sur 250 m, puis s'engager à gauche sur le chemin herbeux. Au croisement, virer à gauche et atteindre Les Ruettes. Continuer par le chemin en face. Tourner à gauche puis à droite et arriver à Brectouville. Emprunter la route, qui passe à gauche de l'église.

7 Suivre la route à gauche jusqu'au Fets. Prendre le chemin qui descend à gauche, sur 150 m, puis le sentier à gauche, peu visible, qui traverse un ruisseau avant de monter à Cats-de-Ça. Continuer tout droit par la route jusqu'à la D 551.

8 Rejoindre à droite le parking. Au fond, suivre le sentier des Belvédères puis, après la crêperie, le chemin empierré à gauche. Descendre à gauche par le sentier raide.

4 Par l'itinéraire de l'aller, rejoindre le pont de la Roque.

3 Suivre le chemin de halage à droite. Il mène au parking.

S SITUATION
Condé-sur-Vire, à 11 km au sud de Saint-Lô par les N 174 et D 53

P PARKING
base de canoë

B BALISAGE
jaune

À DÉCOUVRIR...

> En chemin :
• vallée de la Vire
• Sainte-Suzanne-sur-Vire : église classée
• roches de Ham : panorama sur la vallée de la Vire

> Dans la région :
• Torigni-sur-Vire : château des Matignons, église XIe
• Saint-Lô : Haras National, musée des Beaux-Arts, musée du Bocage normand, églises Notre-Dame et Sainte-Croix
• forêt de Cerisy
• Cerisy-la-Forêt : abbaye Saint-Vigor

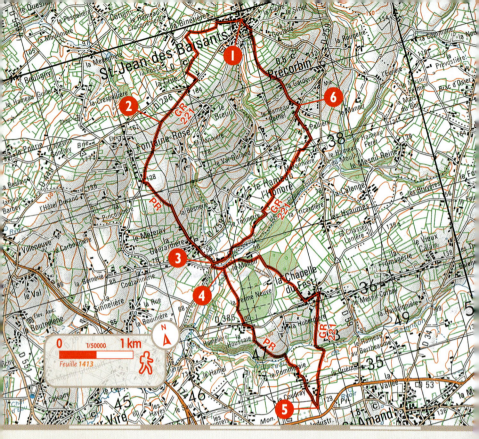

TORIGNI-SUR-VIRE : LA VIE DE CHÂTEAU

Le château de Torigni, ancienne propriété de la famille Grimaldi Matignon dont les descendants règnent aujourd'hui sur le rocher de Monaco, fut construit au XVIe siècle par François Gabriel à l'initiative du maréchal Jacques II. Tous ses successeurs, dit-on, se plurent à embellir cette demeure qui devint au 18e siècle une résidence princière fort cotée où siégeait une véritable cour avec vassaux et courtisans. À la Révolution, le château fut confisqué pour devenir une prison, puis mis aux enchères. Classé Monument Historique en 1839, il fut la proie des flammes en juin 1944 lors du bombardement de la ville. De l'ancien demeure princière, seuls les murs, l'encadrement des lucarnes et une cheminée épaisse témoignent de ce passé glorieux.

CHÂTEAU DE TORIGNI-SUR-VIRE / PHOTO OT TORIGNI.

Sur les **pas** des **pèlerins**

Partez à la découverte de la chapelle Saint-Pierre-aux-Cailloux, si fréquentée autrefois, aux jours des processions et des fêtes organisées pour le retour de la pluie les années de grande sécheresse.

1 Prendre la D 11 en direction de Saint-Lô. Aller à gauche puis à droite. Emprunter la D 286 à droite sur 250 m. S'engager à gauche sur un chemin.

2 À la première intersection, poursuivre par le chemin de gauche et atteindre un carrefour de six chemins. Continuer en face. Prendre la route à gauche sur 40 m et s'engager à gauche. Le chemin aboutit à une route. La suivre à droite. Passer à La Guérandière. Descendre jusqu'au virage.

3 S'engager à gauche sur un chemin de terre. Franchir le ruisseau de Précorbin.

4 Prendre à droite un chemin qui monte au Bois-de-la-Chapelle et gagner La Houssaie. Poursuivre en face sur la D 386. Prendre un large chemin qui descend au ruisseau de Balençon. Franchir le pont et continuer jusqu'au Coudray. Aller jusqu'à un carrefour.

> **En face : possibilité de gagner Torigni-sur-Vire à 1 km** *(balisage blanc-rouge)*.

5 Virer à gauche. Emprunter la route qui devient un chemin. Franchir à gué le ruisseau de Balençon. Continuer par le chemin de gauche qui mène à La Chapelle-du-Fest. Aller tout droit. Après la mairie annexe, la route devient chemin, pénètre dans un bois et atteint une route. La suivre à droite. Avant Le Manoir, aller à gauche jusqu'au ruisseau de Précorbin.

4 Traverser le ruisseau et aller à la route.

3 Prendre à droite la direction de La Paturerie. S'engager sur le chemin de droite, continuer jusqu'au Tonnerre. Après un virage prononcé, aller à gauche et gagner La Pallière. Rejoindre à gauche la D 259. La suivre à droite sur 100 m.

6 Aller au Hameau-Rethel puis à La Garderie. La route devient un large chemin qui aboutit à la D 59 à l'entrée de Saint-Jean-des-Baisants.

S SITUATION
Saint-Jean-des-Baisants, à 10 km à l'est de Saint-Lô par la D 11

P PARKING
place de l'église

/ DÉNIVELÉE
altitude mini et maxi, dénivelée cumulée à la montée

189 m

57 m

B BALISAGE
jaune

! DIFFICULTÉS !
gué entre **5** et **4**

À DÉCOUVRIR...

> **En chemin :**
• Saint-Jean-des-Baisants : chapelle Saint-Pierre, calvaire de la croix Godey

> **Dans la région :**
• Torigni-sur-Vire : château de Matignon, église XIe
• La Barre-de-Sémilly : église romane
• Saint-Lô : Haras National, musée des Beaux-arts, musée du Bocage normand, églises Notre-Dame et Sainte-Croix

La **vallée** de la **Soulles**

Les chemins sinueux forment le décor de ce circuit menant des eaux claires de la Soulles jusqu'aux hauteurs de Montpinchon et Cerisy-la-Salle et permettant à l'œil d'embrasser la campagne à des lieues à la ronde.

1 Descendre au Nord par la D 29, bifurquer à gauche en direction de La Verte-Herbe, puis suivre le petit chemin de terre à gauche et couper la D 52.

2 Continuer tout droit, puis emprunter la D 73 à gauche. La traverser, se diriger vers le moulin de la Roque et passer entre deux maisons.

3 Prendre le chemin le plus à gauche, continuer tout droit, couper la D 229 et poursuivre par le chemin en face sur 500 m. Emprunter la D 229 à gauche sur 350 m.

4 Descendre à gauche vers la Soulles par un chemin creux et franchir la rivière. Ne pas traverser la prairie en face, mais faire quelques pas sur la gauche et remonter par le chemin pierreux. Prendre la D 229 à gauche puis, après le virage, la route à droite. Elle passe L'Hôtel-Feuillet puis Village-au-Brun. Continuer par le chemin de terre qui longe les prés. Emprunter la petite route à droite et gagner Village-au-Franc.

5 Dans le hameau, tourner à droite. Après les dernières maisons de Village-Basset, s'engager à droite sur le chemin de terre. Il franchit deux vallons, passe La Turgisière et continue à gauche jusqu'à la D 229E. La prendre à gauche sur 300 m.

6 Descendre à droite vers une ferme. Traverser le hameau et prendre l'avenue bordée de marronniers. Suivre la D 229 à gauche sur 50 m, puis s'engager à droite sur le chemin empierré et rejoindre la D 102. L'emprunter à droite sur 750 m, franchir la Soulles et monter à La Gaudinière. Utiliser la petite route à droite sur 500 m, puis monter par le chemin à gauche et, par la D 102, arriver dans le bourg de Montpinchon.

7 Emprunter la D 73 à droite. Après le bourg, descendre à droite par un chemin qui mène au moulin de la Roque.

8 Gagner la D 73 *(le château se trouve à 300 m à droite)*. Prendre juste en face le petit sentier qui monte dans le bois. Déboucher sur la D 29. L'emprunter à gauche vers le bourg de Cerisy.

S SITUATION
Cerisy-la-Salle, à 16 km à l'Est de Coutances par les D 972 et D 52

P PARKING
place de la Mairie

B BALISAGE
jaune

! DIFFICULTÉS !
circulation sur la D 102 entre **6** et **7**

À DÉCOUVRIR...

> **En chemin :**
• fermes de caractère
• bords de la Soulles
• Montpinchon : panorama circulaire
• sentier pédagogique (bornes de découverte de la nature)
• Cerisy-la-Salle : château

> **Dans la région :**
• Canisy : parc et château
• Savigny : église romane XIe-XIIe (fresques XIVe)
• Coutances : cathédrale Notre-Dame, jardin des Plantes, églises Saint-Pierre et Saint-Nicolas, musée Quesnel-Morinière
• château de Gratot

LES FLEURS BOCAGÈRES

MARGUERITES / PHOTO SMET 50/S. F.

Une haie bocagère est un milieu comparable à la lisière forestière. Les plantes au sol doivent s'adapter à un ombrage de mai à novembre, lorsque les arbres et arbustes sont garnis de leurs feuilles. On y trouve alors des fleurs qui, face à cet inconvénient, ont des floraisons précoces : anémones sylvie, fraisiers sauvages et violettes fleurissent en mars. Les clochettes mauves de la jacinthe sauvage apparaissent en avril. Certaines choisissent un ombrage important (elles sont dites sciaphiles), d'autres s'épanouissent là où l'ombre ne couvre pas constamment le sol (elles sont héliophiles). En ces lieux, les hautes hampes de la digitale pourpre peuvent s'élever. Sur les talus abrupts poussent la « ruine de Rome » et la chélidoine majeure appelée aussi « herbe à verrues ».

RUINE DE ROME / DESSIN N.L.

CERISY-LA-SALLE : UN CENTRE TRÈS... CULTUREL

Le château de Cerisy, belle bâtisse du XVIIe siècle, ouvre chaque été ses portes aux chercheurs, universitaires, érudits qui prennent le temps de réfléchir autour de thèmes les plus divers : « l'aventure des Normands en Méditerranée », le « Grand siècle russe », la « Renaissance du XIIe siècle » ou la « mémoire du Débarquement ». À ce jour et depuis l'ouverture du château aux intellectuels en 1952, plus de deux cents colloques ont été organisés.

CHÂTEAU DE CERISY-LA-SALLE / PHOTO CDT 50/H. G.

Y ont participé de nombreux grands esprits : Elie Wiesel, Martin Heidegger, Léopold Sédar Senghor, Edgard Morin, Nathalie Sarraute, Michel Tournier, Eugène Ionesco, et bien d'autres. Objectif « philosophique » du Centre culturel de Cerisy-la-Salle : favoriser les échanges entre intellectuels, artistes et savants du monde entier.

BORDS DE LA SOULLES / PHOTO P.-Y. L./CDT 50.

À l'ombre des dunes

DIFFICILE

5H20 • 22KM

Entre mer et campagne, mettez vos pas dans ceux des anciens marins qui empruntaient en partie ce sentier pour rejoindre Granville et s'embarquer à destination de Terre-Neuve.

1 De la place de l'église, aller vers Regnéville. Prendre la première rue à gauche. Poursuivre par un chemin qui mène à Ourville.

2 Traverser le hameau. Tourner à gauche et continuer sur un chemin qui gagne l'église de Hauteville-sur-Mer. Rejoindre la D 156. Partir à gauche vers Annoville. Après le transformateur, prendre le chemin à droite sur 1 km. Emprunter la D 356 à gauche et la quitter pour un chemin à droite. Emprunter une route sur la droite.

3 Rejoindre le sentier du littoral. À l'entrée du massif dunaire, aller à gauche. Longer les dunes et rejoindre un parking. Passer devant le camping Les Peupliers et suivre à droite un chemin. Traverser deux routes.

4 S'engager vers la mer ; 500 m plus loin, obliquer à gauche puis prendre la première route à gauche.

5 Tourner à droite et, plus loin, suivre la route jusqu'à La Planche-Guillemette.

6 Poursuivre en face. Traverser la D 20 (prudence !) et continuer la route jusqu'à L'Hôtel-Bocage.

7 À l'entrée du hameau, tourner à gauche. Au premier carrefour, aller à droite. Passer Hameau-Garnier, traverser la D 298 et suivre un chemin d'exploitation. Prendre à droite la route sur 800 m. Emprunter à gauche un chemin. Passer aux Contes et atteindre une route. Poursuivre vers La Pennerie et la D 537. Continuer en face pour gagner une route près d'un calvaire. La suivre à gauche sur 250 m. Emprunter sur la droite un chemin qui passe à Souquet et La Rue-du-Jean. Gagner la D 76, et, par des chemins, rejoindre Montmartin.

S SITUATION
Montmartin-sur-Mer, à 10 km au sud-ouest de Coutances par la D 20

P PARKING
place de l'église

B BALISAGE
jaune

! DIFFICULTÉS !
traversée de la D 20 entre **6** et **7**

À DÉCOUVRIR...

> En chemin :
• Montmartin-sur-Mer : vue sur les îles Chausey par temps clair
• La Héronnière : musée de la Pomme et du Cidre
• Annoville : dunes fossiles (site classé)

> Dans la région :
• Regnéville-sur-Mer : estuaire de la Sienne, musée du Littoral et de la Chaux, ruines du château

ENVIRONNEMENT
LA CHAÎNE DES HAVRES

Partie intégrante de la côte ouest du Cotentin, la « chaîne des havres » s'insère entre le cap de Carteret et la pointe du Roc (Granville). Avec ses cordons dunaires à perte de vue, elle représente une entité de 80 kilomètres unique en France, interrompue çà et là par neuf embouchures, dénommées « havres » en Normandie.

Dans cette vaste fenêtre littorale, le paysage prend des formes et des couleurs très contrastées selon les conditions du moment. À marée haute, le rivage revêt un caractère maritime très affirmé. Les vastes étendues de grève et de prés salés sont submergées et forment d'immenses bras de mer qui s'avancent loin vers l'intérieur des terres.

Quelques heures plus tard, lorsque le jusant (courant de marée descendante) a terminé son œuvre, ces vastes étendues deviennent le lieu de multiples activités de découverte et de loisir : randonnée, pêche à pied, chasse maritime, char à voile, cerf-volant ou simple observation des oiseaux, divers et nombreux dans la zone de balancement des marées.

HAVRE DE PORTBAIL / PHOTO S. B./COT 50.

FAUNE ET FLORE
LE PARADIS DES OISEAUX

Les havres abritent de nombreuses espèces d'oiseaux qui trouvent en ces milieux gîte et nourriture. Si l'huîtrier pie, reconnaissable à son long bec rouge, fréquente les havres pour recueillir les coques dont il est particulièrement friand, la bernache cravant fait une halte migratoire, salutaire après de longs voyages. Elle y trouve l'essentiel de sa nourriture : une herbe appelée zostère, tapissant la slikke ou le bas shorre. Le tadorne de belon est un hôte habitué des havres. Evoluant en couple, ces canards très opportunistes investissent les terriers de lapin ; leur menu se décline en mollusques, crustacés, algues, etc. D'autres espèces fréquentent ces lieux : le courlis cendré dans les vasières, le pipit farlouse dans les dunes ou l'herbu, le gravelot à collier interrompu sur la haute plage (« laisse de mer »).

GRAVELOT À COLLIER INTERROMPU / PHOTO CDT50/A. M.

ENVIRONNEMENT
LES DUNES

Les sites dunaires de Biville, d'Hatainville, d'Agon et de Genêts offrent des paysages originaux et typiques de la Manche. De la plage aux zones cultivées ou urbanisées, quatre milieux se succèdent et marquent les étapes du cycle de vie tourmenté des dunes.
La dune embryonnaire, formée sur la laisse de haute mer et proie régulière de la houle, abrite le chiendent maritime. La dune vive, ou dune blanche, est reconnaissable à la présence de l'oyat ; cette plante peu sensible aux turbulences éoliennes retient le sable des dunes et retarde l'effet de l'érosion. La dune grise, ou dune fixée, apparaît plus en arrière. Parsemée de dépressions humides (pannes), elle présente une grande diversité de milieux où se réfugie notamment l'œillet de France (dans les pelouses) et le choin (dans les dépressions). Enfin, entre prunelliers, sureaux noirs et troènes communs, la dune boisée héberge le lapin de garenne ainsi que son redoutable prédateur, le renard roux.

OYAT / DESSIN N.L.

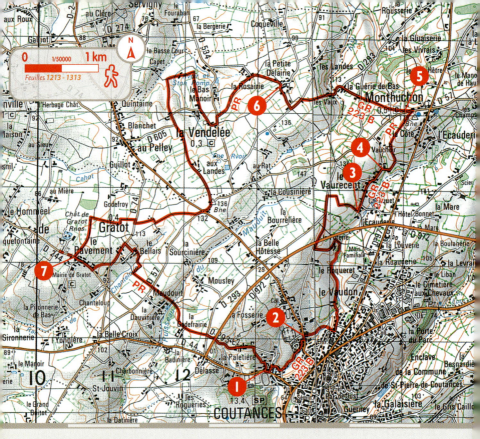

JAZZ SOUS LES POMMIERS

En vingt ans, ce festival a acquis une maturité et une notoriété nationales que d'aucuns lui envient. Il est aujourd'hui, dans le grand Ouest, un événement incontournable pour les amoureux du jazz et des musiques métisses.

Averti ou néophyte, chacun trouve à Coutances de quoi satisfaire sa curiosité musicale. Si la programmation fait la part belle à des musiciens de légende, elle invite également à découvrir des créations inédites ou des artistes en devenir.

Subtil mélange de bénévoles et de professionnels, l'équipe organisatrice a su, au fil des années, conquérir et fidéliser un public toujours plus nombreux sans pour autant perdre l'esprit de convivialité qui fait le charme du festival.

PHOTO P.-Y.L.M., AVEC AUTORISATION DE M. LELIÈVRE, GUITARISTE ET LEADER DU GROUPE COCORICORDES.

Au **pays** de **Coutances**

De hameaux en villages, le circuit vous mène de Coutances à Gratot, à la découverte d'un patrimoine disséminé dans le bocage.

1 Prendre la D 44 à droite sur 200 m, la deuxième rue à gauche sur 50 m, le sentier à droite puis le sentier bitumé à gauche sur 200 m. Continuer par la rue du Moulin-de-Haut à gauche, passer un lavoir et déboucher sur la D 2, la suivre à gauche sur 100 m.

2 S'engager à droite sur le sentier pierreux. À la maison en ruines, tourner à droite pour atteindre la rue Laloi puis, en haut, prendre à gauche le chemin des Sources. Avant La Martinière, s'engager à droite par le circuit des Trois-Vallées. Monter par le chemin à gauche et contourner une demeure. Virer à gauche, passer sous la rocade, emprunter à gauche le chemin creux, ensuite la D 293 à droite sur 200 m, puis le chemin à droite. Il mène au Vaurecent.

3 Traverser le hameau à gauche.

4 Dans le virage, continuer par la route, puis prendre le chemin à gauche et gagner Monthuchon. Emprunter la D 57 à gauche.

5 S'engager à droite sur le chemin qui dessert La Guérie-de-Bas et Les Vaux. Emprunter la route à gauche sur 250 m, puis tourner à droite vers La Petite-Délairie.

6 Bifurquer à gauche vers La Rosairie, poursuivre par le chemin, emprunter la D 534 à gauche sur 50 m, puis la D 605 à droite et traverser La Vendelée. Dans un virage, continuer par le chemin, gagner à gauche La Fosse-Cardin puis encore à gauche L'Hôtel-Robin. Prendre tout droit la D 605 sur 100 m puis, dans le virage, partir en face sur le chemin pierreux et rejoindre Le Gros-Frêne à droite. Traverser la D 2, utiliser la D 57 en face sur 200 m, puis se diriger à droite et arriver à l'ermitage Saint-Gerbold. Couper la D 74, puis rejoindre à gauche Le Pavement.

> Le château de Gratot se trouve à 250 m à droite.

7 Traverser le hameau à gauche puis, face à la cité nouvelle, emprunter le chemin à gauche puis la D 74 à gauche sur 300 m et gagner à droite Le Bellais. À la première maison, prendre le chemin à gauche qui franchit le ruisseau de Chanteloup. Couper la D 57, enjamber le ruisseau de Maudouit, passer sous la rocade et arriver à la D 293. Continuer par la D 293E2 vers L'Écoulanderie puis retrouver la D 44 et rejoindre le parking.

S SITUATION
Coutances, à 37 km à l'ouest de Saint-Lô par la D 972

P PARKING
stade (D 44)

B BALISAGE
jaune

! DIFFICULTÉS !
• traversée des D 2 et D 57 entre **2** et **3**, **5** et **6**, **6** et **7** puis **7** et **1**
• gués après **7** et au ruisseau de Chanteloup (impraticables en hautes eaux)

À DÉCOUVRIR...

> **En chemin :**
• lavoir XIXe
• chapelle de l'ermitage Saint-Gerbold (restaurée)
• château de Gratot
• ruines de l'ancien aqueduc

> **Dans la région :**
• Coutances : cathédrale Notre-Dame, jardin des Plantes, églises Saint-Pierre et Saint-Nicolas, musée Quesnel-Morinière
• Saussey : manoir (musée), jardins du manoir d'Argences

GOUVILLE : LE PAYS DE LA MER

Cette « côte de l'espace », faite de sable fin et de dunes sauvages, a la particularité de connaître les plus grandes marées d'Europe. Gouville est aussi le pays où naissent les huîtres de pleine mer. La production ostréicole est l'une des spécialités de la Manche. Les concessions sur le domaine maritime sont réparties sur deux zones bien distinctes : la première, la plus ancienne, est celle de la côte est, autour de Saint-Vaast-la-Hougue. L'huître y est connue pour avoir un léger goût de noisette reconnaissable entre tous. La seconde, plus récente, autour de Gouville, est née d'un hiver rigoureux dans les années 65. Le bord de mer gelé, débarras-sé de ses parasites, a favorisé la culture de l'huître au parfum iodé et corsé. À cette activité s'ajoute la production de moules de bouchot et de nouvelles cultures : ormeaux, palourdes, oursins…

PARCS À HUÎTRES / PHOTO CG 50.

Rivage et bocage de Gouville

PR® 25

DIFFICILE

4H30 • 18KM

Dans ce pays de mer et de vent, l'ostréiculture rythme la vie des hommes. La ronde des tracteurs les jours de grande marée constitue toujours un étonnant spectacle.

1 Prendre la D 268 vers l'ouest, puis la deuxième rue à droite vers La Chardotterie. Bifurquer à gauche sur le chemin, passer devant la station d'épuration et continuer sur 250 m.

2 S'engager sur le sentier à droite, prendre la route à gauche, traverser la D 650 *(prudence)*, continuer tout droit par la route, puis la quitter et se diriger vers la mer.

3 Tourner à gauche et suivre le sentier du littoral. Continuer en bord de mer, passer les campings, la plage, les cabines de couleur et arriver à la cabane Vauban.

4 Virer à gauche, traverser la D 651 puis la D 650 *(prudence)* et gagner le hameau Noël. Emprunter la rue Laurier sur quelques mètres, puis tourner à droite. Le chemin dessine deux virages à gauche et atteint Les Forges. Prendre la route à droite sur quelques mètres puis le chemin à gauche. Il reste en rive gauche du ruisseau. Couper la route et poursuivre sur 800 m.

5 Prendre le chemin à gauche puis la D 268 à droite puis à gauche. Arriver à un croisement. Se diriger à droite vers Village-Gouix, suivre la D 432 à gauche et, à la sortie du hameau, s'engager sur le chemin de terre à gauche. À L'Hôtel-Bichu, continuer à droite, puis emprunter la D 274 à droite et gagner le carrefour des D 274 et D 432. Utiliser la D 432 à gauche.

6 Bifurquer à gauche et passer L'Hôtel-Foucher. À l'entrée de La Grande-Yberterie, tourner à gauche, prendre la route à droite sur 150 m, puis partir encore à gauche et continuer tout droit pour regagner Gouville.

BÉCASSEAU VARIABLE /
DESSIN P.R.

S SITUATION
Gouville-sur-Mer, à 15 km au nord-ouest de Coutances par les D 44, D 244 et D 268

P PARKING
place de l'Église

B BALISAGE
jaune

! DIFFICULTÉS !
traversée de la D 650 entre **2** et **3** puis **4** et **5**

À DÉCOUVRIR...

> En chemin :
• vue sur le phare de Sénéquet, l'île de Jersey et le cap de Carteret

> Dans la région :
• Blainville-sur-Mer : parc à huîtres, coopérative d'aquaculture CABANOR
• Pirou : château XIIe-XIVe-XVIIe
• pointe d'Agon et havre de Regnéville
• Coutances : cathédrale Notre-Dame, jardin des Plantes, églises Saint-Pierre et Saint-Nicolas, musée Quesnel-Morinière
• château de Gratot

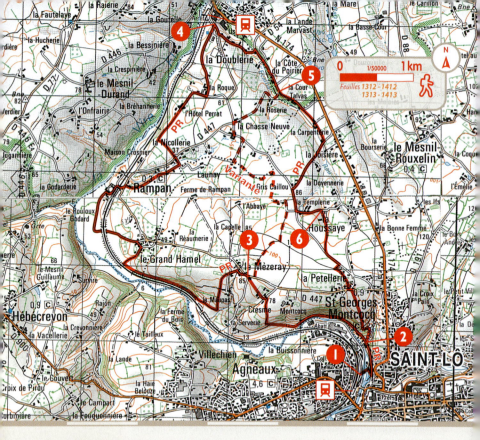

PATRIMOINE
LE HARAS NATIONAL DE SAINT-LÔ

En 1806, le haras de Saint-Lô est créé et installé dans l'ancienne abbaye de Sainte-Croix. Le dépôt actuel accueille près de 80 étalons (422 en 1912). Institués par Colbert, à la fin du XVIIe siècle, les haras nationaux ont d'abord été destinés à pourvoir aux besoins des armées, puis à ceux de l'agriculture. Aujourd'hui, ils accompagnent le développement des loisirs équestres. « Berceau de race » du selle français (cheval de sport par excellence), le haras de Saint-Lô est aussi spécialisé dans le cob normand (apprécié des amateurs d'attelages) et héberge des étalons de race pur-sang, trotteurs français, anglo-arabes, percherons, et des poneys. Des visites guidées ont lieu du 1er juin au 30 septembre et pendant les vacances scolaires.

HARAS DE SAINT-LÔ / PHOTO HARAS DE SAINT-LÔ/P.-Y.L.M.

Aux **portes** de **Saint-Lô**

Depuis le pied des remparts de Saint-Lô, la Vire vous guide jusqu'à Pont-Hébert. Pour le retour, se succèdent des chemins très différents par la nature de leur sol et par leur flore.

1 Du parking, traverser l'îlot Moselman et la Vire en empruntant la passerelle piétonne. Gagner la rue Valvire à gauche.

2 Laisser à droite le chemin d'accès au terrain de motocross. Après le club de tir à l'arc, suivre un sentier en forte pente qui mène à Cresme. Aller à gauche puis à droite. Atteindre la D 447.

> Variante vers le repère 5 *(circuit de 11 km)* **: voir tracé en tirets sur la carte**

3 Au Mézeray, descendre à gauche vers Le Maupas ; 150 m plus loin, prendre un chemin qui descend dans un virage prononcé. Suivre à droite le chemin le long de la voie ferrée et atteindre Le Grand-Hamel. Tourner à gauche à l'entrée du hameau. La route descend, passe sous le pont de chemin de fer. Aller à droite et gagner Rampan. Passer devant l'église. Après la voie ferrée, prendre à gauche la D 447 sur 50 m. S'engager sur un chemin à droite. Par un sentier à gauche menant à La Capelle, gagner La Nicollerie en remontant sur la gauche. Traverser la D 447 et prendre un chemin à droite. Passer L'Hôtel-Perrat et gagner La Roque. Aller à gauche et atteindre la station d'épuration de l'usine laitière.

4 Prendre à droite la D 447 sur 100 m. S'engager à gauche vers La Doublerie. Franchir l'Ecalhan et partir à droite. Après La Foulerie, continuer tout droit et retrouver un chemin.

5 Passer La Cour-Talvas et La Carpenterie pour atteindre une route aux Anges. Tourner à droite et rejoindre Le Gris-Caillou. Prendre la route à gauche jusqu'à La Templerie.

6 Au hameau suivant, prendre un sentier à droite puis une route à gauche sur 250 m. À la bifurcation, emprunter un chemin à droite et continuer à gauche pour atteindre la D 447. Traverser sur la gauche La Pelleterie et s'engager à droite sur un chemin qui descend au terrain de motocross. Continuer pour atteindre en contrebas la rue Valvire.

2 Revenir au parking par le même itinéraire qu'à l'aller.

S SITUATION
Saint-Lô

P PARKING
à l'arrière du Cinémoviking

B BALISAGE
jaune

! DIFFICULTÉS !
traversée de la D 447 entre **3** et **4** puis **6** et **2**

À DÉCOUVRIR...

> En chemin :
• croix du Mézeray XVIe ;
• Rampan : église XIIIe-XVIIe-XVIIIe

> Dans la région :
• Saint-Lô : haras national, musée des Beaux-arts, musée du Bocage normand, églises Notre-Dame et Sainte-Croix
• Agneaux : château et chapelle Sainte-Marie
• Parc naturel régional des Marais du Cotentin et du Bessin
• églises de Saint-Georges-de-Montcocq et du Mesnil-Rouxelin
• Villiers-Fossard : jardin botanique

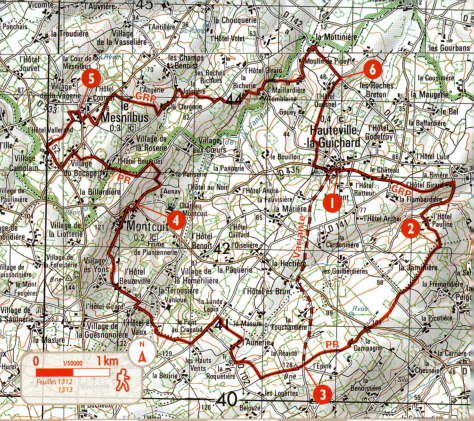

UN PEU D'HISTOIRE
LES ROIS DE SICILE

RECONSTITUTION DU CHÂTEAU DE PIROU APRÈS L'INVASION VIKING / DROITS RÉSERVÉS ÉDITEURS ARTAUD FRÈRES.

Hauteville-la-Guichard est la patrie de Tancrède de Hauteville et de ses fils, fondateurs du royaume de Naples et des Deux-Siciles. Au XIe siècle, les fils de Tancrède de Hauteville quittent leur modeste seigneurie et partent guerroyer en Italie du Sud, région que se disputent Allemands, byzantins, musulmans et papauté. À force d'intrigues et de combats, les Tancrède se taillent de puissantes possessions et fondent le Royaume normand de Sicile. Dans ces principautés, les Normands stimulent le commerce et l'industrie. La cour de Palerme est un haut lieu de connaissances, d'art et de tolérance religieuse. Aujourd'hui, de nombreux monuments qui formaient une synthèse d'art normand, byzantin et arabe témoignent de la puissance de ces anciens royaumes normands fondés par la fière descendance du seigneur d'Hauteville.

Sur la **trace** des **Tancrède**

Au bord du Parc naturel régional des Marais du Cotentin et du Bessin, chemin après chemin, suivez les pas des Tancrède, seigneurs d'Hauteville-la-Guichard, fondateurs du royaume normand de Sicile.

1 Prendre la direction du Château. Continuer jusqu'à L'Hôtel-Girard. Aller à droite. À L'Hôtel-Pauline, emprunter à gauche un chemin de terre.

2 Obliquer à droite. Continuer sur la D 53 et poursuivre en face. Après La Campagne, prendre le chemin de droite.

> Variante *(circuit de 9 km non balisé)* **:** à l'intersection, prendre la route à droite vers la Fouchardière *(voir tracé sur carte en tirets)*.

3 Traverser une route et suivre le deuxième chemin à droite. Il mène à la D 102. Tourner à droite, aller à L'Aunerie. Rejoindre la D 141 et la suivre à gauche. Face aux Hauts-Vents, s'engager sur un chemin de terre. À L'Hôtel-es-Vaux, prendre à droite la D 435 sur 100 m et se diriger vers L'Hôtel-Beuzeville. Suivre le chemin à droite et atteindre Montcuit.

4 Traverser la D 53 et s'engager sur le chemin qui mène à La Pariserie. Avant le hameau, tourner à gauche et poursuivre jusqu'à la route. Prendre à gauche, emprunter le chemin de droite pour atteindre La Sellerie. Aller à gauche. Suivre la D 57 à gauche sur 300 m. Après le carrefour, se diriger vers Village-Camplain puis Le Mesnilbus.

5 Près de l'église, quitter la D 57. S'engager à droite et partir à gauche pour atteindre L'Hôtel-Couteur. Emprunter la D 57 sur 150 m. Tourner à droite puis suivre le chemin qui mène à une route près de La Clergerie. Aller à gauche jusqu'à La Jolinière. Prendre à droite un chemin de terre et atteindre une route. La suivre à gauche et s'engager dans le chemin qui dessert La Bichurie. À l'entrée du hameau, aller à droite puis suivre le chemin qui rejoint une route. La remonter sur quelques mètres, tourner à droite et prendre le chemin qui passe au Moulin-de-Pipey. Gagner la D 142 et la suivre à droite jusqu'à L'Hôtel-Quesnel.

6 Tourner à droite. Suivre le chemin et monter à Maison-Blanche. Franchir une route et gagner par la D 435 à gauche Hauteville-la-Guichard.

S SITUATION
Hauteville-la-Guichard, à 20 km au nord-est de Coutances par les D 971 et D 435

P PARKING
place de l'église

B BALISAGE
jaune

! DIFFICULTÉS !
traversée de la D 53 entre **3** et **4**

À DÉCOUVRIR...

> En chemin :
• Hauteville-la-Guichard : église XIIIe-XIVe, musée local de la famille Tancrède

> Dans la région :
• Coutances : Jardin des Plantes, cathédrale Notre-Dame, églises Saint-Pierre et Saint-Nicolas, musée municipal, centre ville
• château de Gratot
• ruines de l'ancien aqueduc
• littoral : havre de Regnéville et pointe d'Agon

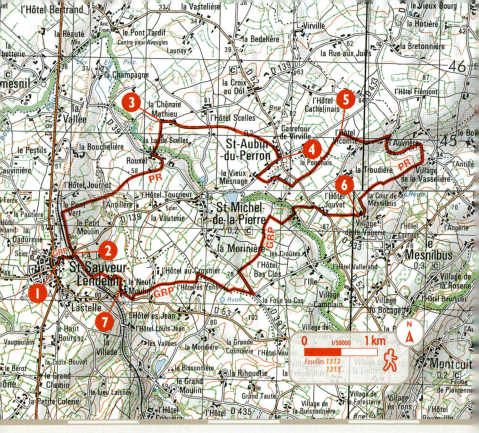

ENVIRONNEMENT

RANDONNÉE SEREINE : LES VOIES VERTES

Autrefois parcourue par les locomotives, la voie ferrée désaffectée de Coutances à Sottevast est maintenant empruntée par les randonneurs à vélo, à pied ou à cheval. Cette voie verte, dédiée aux modes de circulation douce en site propre, s'inscrit dans le réseau départemental et, à terme, dans le réseau national et le réseau européen. Les quelque 250 kilomètres d'anciennes voies ferrées et de chemin de halage – qui constituent l'épine dorsale des chemins de randonnée de la Manche – permettent de partir à la découverte du patrimoine naturel, culturel et architectural qui se dévoile aux détours des sentiers. Désormais, des bois de Bricquebec aux landes de Lessay, des marais de Carentan aux bords de Vire, des vergers de Barenton à la baie du Mont-Saint-Michel, il n'y a plus qu'un pas.

LA VOIE VERTE / PHOTO C.GI./CDT 50.

La **Tournée** des **Hôtels**

PR® **28**

MOYEN

3H45 • 15KM

Au cœur d'un bocage peu remanié, les chemins creux se succèdent parmi les Hôtels, qui portent le nom de celui qui, le premier, y bâtit sa demeure, après les grands défrichements qui suivirent la guerre de Cent Ans.

S SITUATION
Saint-Sauveur-Lendelin, à 9 km au nord de Coutances par la D 971

P PARKING
place de l'église

B BALISAGE
jaune

1 De la place de l'Église, descendre à l'ancienne gare et traverser le passage à niveau.

2 Suivre le chemin qui longe l'ancienne voie ferrée à gauche sur 600 m. Tourner à droite. Emprunter ensuite une route sur 100 m. Prendre à gauche un chemin. À La Bigotière, suivre à gauche la D 391. À Rouxel, partir à droite vers La Chênaie-Mathieu.

3 Dans le hameau, tourner à droite, puis bifurquer à droite et arriver à Saint-Aubin-du-Perron.

4 Suivre la D 433 à droite jusqu'au Vieux-Mesnage. Partir à gauche et rejoindre une route. Dans le virage, prendre en face un chemin de terre. Tourner à gauche pour rejoindre la D 52. S'engager en face dans le chemin de terre sur 900 m.

5 Tourner à droite. Près d'un bâtiment agricole, obliquer à droite et prendre le chemin en bordure de prairie. Monter par le chemin et rejoindre une route. La suivre à gauche jusqu'à Village-de-la-Vagerie.

6 Prendre le chemin à droite et la D 52 à droite. Après L'Hôtel-Jouvet, traverser la route et s'engager sur le chemin à gauche. Rejoindre l'Hôtel-Hannot à gauche, franchir le ruisseau de la Liotterie et tourner à droite. Au carrefour de chemins, tourner à gauche et continuer tout droit sur 800 m. Emprunter la D 391 à gauche jusqu'au croisement. Se diriger à droite sur 400 m, virer à gauche puis à droite. Couper la route et atteindre la D 53 près du Neuf-Moulin. La suivre à droite.

7 À la sortie du hameau, s'engager sur le chemin de terre à droite. Continuer par la route et rejoindre l'ancienne gare.

2 Monter à gauche vers l'église.

À DÉCOUVRIR...

> **En chemin :**
• Saint-Sauveur-Lendelin : église XIIIe-XIVe
• Saint-Aubin-du-Perron : église XIIe-XVIe

> **Dans la région :**
• Saint-Sauveur-Lendelin : manoir de la Grande-Taute XVIe, château des Mares XVIIIe
• Saint-Martin-d'Aubigny : maison de la Brique, mini-train
• Lessay : abbatiale romane Sainte-Trinité XIe
• Marchésieux : maison des Marais, village miniature des années 1930.

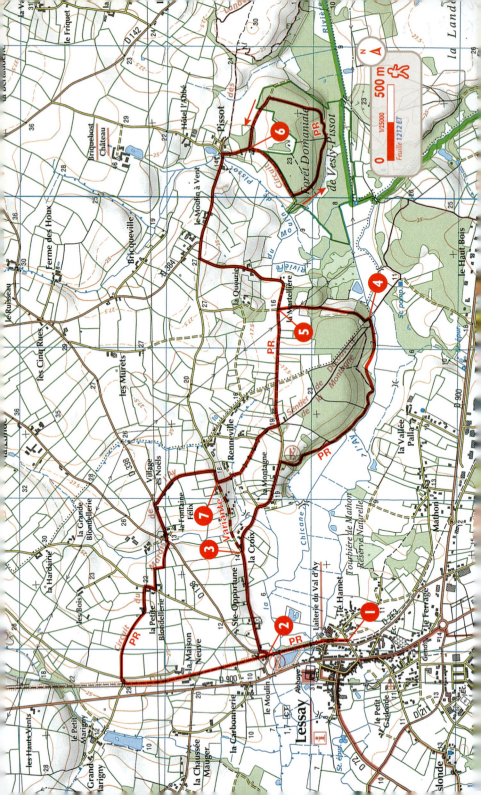

De l'**Abbaye** au **Bois** du **Pissot**

De l'abbaye de Lessay qui a les pieds dans l'eau, partez à la découverte de la forêt de Vesly-Pissot et de ses nombreux conifères.

❶ Emprunter l'ancienne voie ferrée vers la droite (Nord), passer à côté de l'étang puis sur le pont pour atteindre la D 138.

❷ La suivre à droite. Après le virage, prendre la route à droite vers le cimetière.

❸ À la bifurcation, au lieu-dit La Croix, emprunter la route la plus à droite sur 750 m. Au lieu-dit La Montagne *(table de pique-nique)*, s'engager à droite dans la forêt, puis longer à gauche la rivière l'Ay par le sentier de découverte et déboucher près d'un pont.

❹ Ne pas le franchir, mais prendre le chemin situé juste avant à gauche ; à 400 m, passer sous la ligne électrique. Arriver à un carrefour de deux chemins.

❺ Prendre à droite le large chemin empierré et poursuivre par la route sur 500 m. Emprunter la D 530 à droite sur 750 m jusqu'au moulin Pissot rénové. S'engager sur le premier chemin à droite. Il mène à l'entrée de la forêt de Vesly-Pissot.

❻ Suivre la grande allée à droite. À la cabane en bois, tourner à gauche, passer la palissade en bois et continuer par la grande allée à travers bois. Elle rejoint l'entrée de la forêt.

❻ Par l'itinéraire utilisé à l'aller, retrouver le carrefour des deux chemins.

❺ Poursuivre en face par le chemin empierré, passer sous la ligne électrique et continuer tout droit. Prendre la route à droite puis le petit chemin de terre à gauche.

❼ Emprunter la D 530 à droite, puis s'engager à gauche dans le chemin creux. Prendre la D 338 à gauche puis, au carrefour des D 138 et D 338, le chemin à droite. Suivre la route à droite sur 25 m, puis la route à gauche et continuer par le chemin. Couper la route. Avant le pont, utiliser à gauche le petit sentier qui mène à l'ancienne voie ferrée. Elle rejoint l'ancienne gare.

S SITUATION
Lessay, à 21 km au nord de Coutances par la D 2

P PARKING
ancienne gare (près de la fromagerie Réo)

B BALISAGE
jaune

À DÉCOUVRIR...

> En chemin :
• Lessay : abbatiale romane Sainte-Trinité
• sentier de découverte « La Rivière »
• moulin de Pissot
• forêt de Vesly-Pissot

> Dans la région :
• Angoville-sur-Ay : ferme musicale
• Pirou : château XIIe-XIVe-XVIIe avec douves

LA FOIRE MILLÉNAIRE DE LESSAY :
LA SAINTE-CROIX

CHEVAUX À LA FOIRE DE SAINTE-CROIX. /
PHOTO A.K./CDT 50.

À l'ombre de l'abbaye romane de Sainte-Trinité, la grande foire de Lessay, classée deuxième foire de France dans son genre, marque durant trois jours la fin de l'été au cœur du Cotentin.

Sur 30 hectares de la « grand'lande », la foire accueille 350 000 visiteurs, entre 1 500 et 2 000 exposants, 28 rôtisseurs d'agneaux et 50 grilleurs sans compter les chevaux, vaches, chiens, chats et divers gallinacés. Au milieu de la fumée de l'allée des rôtisseurs, les tourneurs de gigots s'affairent autour du feu de bois. De leur côté, les déballeurs usent d'un vocabulaire élogieux pour vendre leurs produits.

La Sainte-Croix connaît chaque année un succès croissant, et la vitalité de cette vieille dame presque millénaire tient un peu du miracle. C'est sans doute pour cette raison qu'elle est devenue un symbole, une foire à l'image d'un pays où se mêlent harmonieusement respect des traditions et goût pour la modernité.

ENVIRONNEMENT

LES LANDES DE LESSAY : UN PATRIMOINE
NATUREL UNIQUE DANS LA MANCHE

Sur les 6 000 hectares que comptaient les landes de Lessay au XIXe siècle – résultat de la déforestation progressive d'une chênaie originelle –, il n'en reste que 1 500 environ.

On y distingue deux types de landes. La lande ouverte se démarque par sa diversité botanique où dominent les bruyères, les ajoncs et la molinie bleue, cette herbe blanche qui lui donne un air de savane. Dans la lande boisée, le pin maritime est roi : sa plantation remonte au début des années 1930.

Parmi les 800 plantes dénombrées dans ce patrimoine naturel, une centaine se distin-

guent par leur degré de rareté à l'échelon national, voire européen. Ici, les insectes et les araignées abondent (22 espèces de libellules), tout comme les oiseaux, parmi lesquels de petits passereaux (tarier pâtre, fauvette pitchou, etc.) et d'autres plus grands (engoulevent, courlis cendré, etc.).

Enfin, les landes sont aussi un lieu d'inspiration légendaire que peuplent dames blanches et *goubelins* malicieux.

LANDES DE LESSAY / PHOTO PNRMCB/B. C.

ABBAYE DE LESSAY / PHOTO S.B./CDT 50.

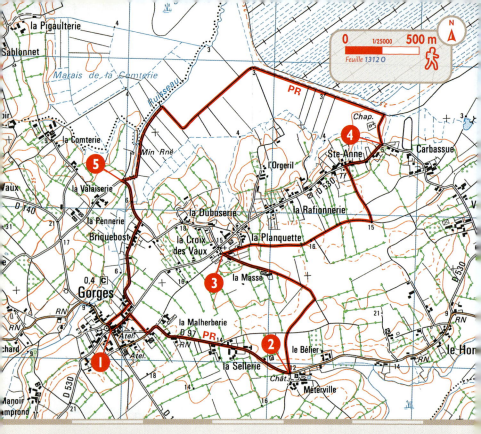

PATRIMOINE

LES MAISONS EN TERRE : UN PATRIMOINE ORIGINAL

Les édifices en terre crue qui parsèment les marais du Cotentin forment l'une des plus importantes concentrations françaises de constructions en bauge. La technique de la bauge, qui utilise un mélange d'argile, d'eau et de fibres pour seul matériau porteur, ne fait intervenir ni ossature ni coffrage. Des levées montées à la fourche sur un soubassement en pierre, séchées puis compactées et taillées, constituent les murs. Avant l'avènement des toitures minérales, une couverture en chaume confortait les qualités thermiques et phoniques de cette architecture ainsi que sa valeur esthétique : richesse chromatique des argiles – d'ocre jaune au brun foncé –, pondération et souplesse des volumes, variété voire absence des matériaux d'encadrement.

LA MAISON DES MARAIS (MARCHÉSIEUX) /
PHOTO A.K./CDT 50.

La **tourbière** de **Gorges**

S SITUATION
Gorges, à 35 km au nord-ouest de Saint-Lô par les D 900, D 24 et D 530

P PARKING
église

B BALISAGE
jaune

VANNEAUX HUPPÉS / DESSIN P.R.

Partez à la découverte de la chapelle Sainte-Anne située au bord de la grande tourbière encore exploitée pour l'horticulture, dans le monde un peu étrange du marais.

1 Tourner le dos à l'église et emprunter la route de Sainte-Anne sur 250 m. A la sortie du bourg, prendre le chemin à droite. Il débouche en face la mairie. Suivre la D 97 à gauche, passer La Sellerie *(remarquable corps de ferme)* et continuer.

2 Juste avant le château de Méterville, s'engager sur le large chemin de terre à gauche. Il dessine une petite chicane droite-gauche. Plus loin, il vire à gauche avant d'atteindre la Masse. Continuer par la route sur 500 m vers le hameau de La Croix-des-Vaux.

3 Juste après la première maison, tourner à droite et poursuivre par le chemin d'exploitation agricole empierré sur 1 000 m. Il vire à gauche et mène dans le hameau de Sainte-Anne. Prendre la D 530 à droite.

4 Se diriger à gauche vers la chapelle Sainte-Anne. La laisser sur la gauche et ensuite emprunter à gauche le chemin bien droit qui longe la grande tourbière. Le chemin vire à gauche puis à droite et encore à gauche sur la rive du ruisseau. Franchir le pont et déboucher sur une route.

5 La prendre à gauche sur 200 m. Emprunter la première route à droite, traverser le hameau de Briquebost et arriver à l'entrée du bourg de Gorges. S'engager à droite sur la sente de dessous les jardins pour rejoindre l'église et le café-épicerie.

À DÉCOUVRIR...

> En chemin :
• bâti traditionnel en terre
• chapelle Sainte-Anne (près de la tourbière)

> Dans la région :
• Marchésieux : maison des Marais
• Carentan : église Notre-Dame ; promenade sur la Douve en bateau
• Rémilly-sur-Lozon : château de Montfort, musée de la Vannerie
• Le Hommet-d'Arthenay : chantier-école « chaume et terre »

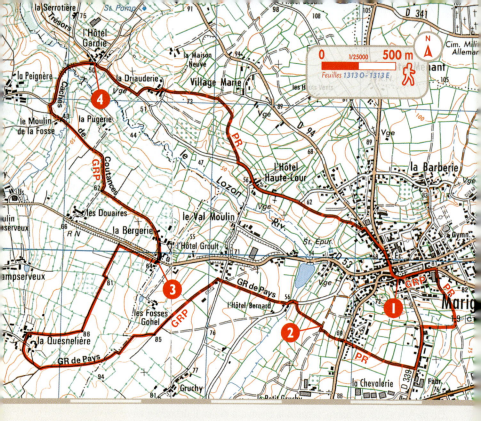

L'opération « Cobra » : la percée

« Cobra » : c'est le nom de code de l'offensive alliée menée en juillet 1944 afin de s'ouvrir la route de la Bretagne et d'enfoncer les lignes de défense allemandes. Le 25 juillet 1944, au cœur du canton de Marigny, confiée au 7e corps américain du général Collins, elle fait sauter le verrou et ouvre une brèche décisive qui va bouleverser le cours de la bataille dans le Cotentin et précipiter la libération du pays. Un bombardement aérien annihile ponctuellement toute défense. Les chars américains défoncent les haies. Cette percée va permettre aux blindés américains de déferler vers le sud. L'espace Cobra, à Marigny, retrace cette opération grâce à des photos, des écrits historiques, des cartes et fait ainsi revivre aux visiteurs cette page d'histoire.

CIMETIÈRE ALLEMAND DE LA CHAPELLE-ENJUGER / PHOTO SI MARIGNY

Autour de la **vallée** du **Lozon**

Du bourg reconstruit de Marigny, l'itinéraire vous conduit dans l'intimité du bocage verdoyant, parcourant des chemins creux en « tuyaux de poêle ».

1 Face à la mairie, partir à droite direction Saint-Lô, passer le square Jacques Bainville *(académicien français)* et traverser la route à droite vers le clos Lévêque. Suivre tout droit le chemin qui mène au Verger conservatoire de la pomme. Le passer puis aller à droite jusqu'à la route. L'emprunter à gauche sur 200 m puis prendre le premier chemin à droite jusqu'à la cité. Traverser la route et continuer en face. Au carrefour des chemins, prendre à droite.

2 Virer aussitôt à gauche dans un chemin creux. À la route, prendre à gauche puis à droite. Traverser une route et suivre en face le chemin jusqu'à La Quesnellière. Dans le village, aller tout droit. Rejoindre la D 53 et la prendre à droite sur 300 m.

3 Traverser vers le premier chemin à gauche. Laisser le chemin de gauche puis celui de droite. Traverser la rivière. À la route, aller à droite et traverser le Lozon sur un pont de pierres.

4 À la route, prendre à droite puis tourner à gauche vers La Driauderie. Au carrefour de chemins suivant, prendre à droite. À la route, tourner à gauche. À l'intersection, prendre à gauche puis, dans le virage, prendre le chemin à droite qui mène au bourg de Marigny.

CHEMIN EN « TUYAU DE POÊLE » / PHOTO D. O.

S **SITUATION**
Marigny, sur la D 972, à 17 km à l'est de Coutances et 12 km à l'ouest de Saint-Lô

P **PARKING**
place Westport

/ **DÉNIVELÉE**
altitude mini et maxi

94 m

42 m

B **BALISAGE**
jaune

! **DIFFICULTÉS !**
D 53 passagère avant **3**

À DÉCOUVRIR...

> **En chemin :**
• Verger conservatoire de la pomme
• pont de pierre sur le Lozon
• bourg reconstruit de Marigny
• chemins creux en « tuyaux de poêle »

> **Dans la région :**
• Parc naturel régional des marais du Cotentin et du Bessin : château et vannerie de Rémilly-sur-Lozon, maison du marais à Marchésieux
• Saint-Lô : haras national et chemin de halage de la vallée de la Vire
• Coutances : cathédrale et jardin public

TRADITION

LA SORCELLERIE

À dater du procès de sorcellerie de La Haye-du-puits, entre 1668 et 1672, l'on ne brûle plus en France pour sorcellerie. Le mont Étenclin, où se tenaient les sabbats reprochés aux sorciers, reste aujourd'hui encore entouré de mystère.

À l'extrémité est du bois de Limors, à Varenguebec, la butte des Sieurs connut des faits étranges. À proximité de la lande de Morte-Femme, le soir, une dame blanche fait flotter son long voile blanc transparent au-dessus des brumes et marais. Sur la lande déserte, les âmes des victimes égorgées errent et hantent leurs bourreaux, les sieurs. La nuit, il est déconseillé de passer au carrefour des Têtes, au pied

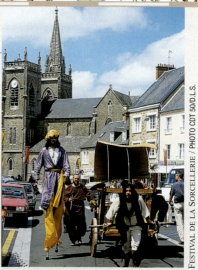

FESTIVAL DE LA SORCELLERIE / PHOTO CDT 50/D.L.S.

du mont Étenclin, de crainte d'y rencontrer les trois têtes de sorciers exécutés sur le bûcher et d'en mourir de peur.

Le **mont** de **Doville**

Sur ces chemins au passé ensorcelé, le mont de Doville offre un panorama sur les marais de la Sangsurière.

1 De la place, prendre au sud-est, un chemin revêtu sur 300 m, puis la route à droite sur 100 m et le petit chemin à gauche *(de petits écoulements d'eau rendent le chemin un peu humide au printemps)*. Continuer à droite par la chasse *(ce mot désigne un chemin dans le Cotentin)*, longée par le ruisselet d'un côté et bordée de l'autre par des talus et des bois, sur 900 m.

2 Tourner à droite dans la vallée, puis suivre la D 337 à droite sur 200 m jusqu'à la croix et se diriger à gauche vers La Benoisterie.

3 Après le hameau, quitter la route pour prendre le chemin creux le plus à gauche puis la route à droite et atteindre un croisement.

> Variante : possibilité de passer par la chapelle à gauche *(voir tracé en tirets sur la carte)*.

4 Monter en pente douce jusqu'à l'ancien moulin (130 m).

Le sommet du mont de Doville est étonnant. La vue s'étend sur tous les marais du nord (la Sangsurière, l'Adriennerie) et les sommets du Cotentin, sur Besneville et, au sud, sur le mont Étenclin puis les grands bois de Limors, à l'est.

Descendre à gauche au pied du mont.

5 Prendre le large chemin empierré à droite. Au troisième carrefour, emprunter le chemin de terre, qui passe près des réservoirs, à droite, sur 750 m. Suivre la D 137 à gauche sur 50 m, puis se diriger vers les maisons à droite et traverser une petite route.

6 Suivre la route à droite et passer L'Angerie. Au carrefour, prendre le chemin à droite et rester au pied de la colline, en bordure du marais *(vue remarquable au coucher de soleil)*. Atteindre le petit hameau de Noguet, continuer par la route et traverser La Rue du Marais.

7 Avant La Piloterie, monter par le chemin à droite, traverser à droite le Hameau de Haut, et tourner deux fois à gauche. Emprunter la D 137 à droite sur 30 m, puis la route à gauche et retrouver Doville.

S SITUATION
Doville, à 35 km au nord de Coutances par les D 2 et D 900 (de Saint-Sauveur-le-Vicomte)

P PARKING
place de l'Église

B BALISAGE
jaune

À DÉCOUVRIR...

> En chemin :
• anciens moulins à vent et tour de garde
• panorama sur la côte des îles

> Dans la région :
• Neufmesnil : abbaye de Blanchelande
• Lithaire : camp de César (le mont Castre)
• Vindefontaine : poterie traditionnelle
• La Haye du Puits : donjon

UN PEU D'HISTOIRE

L'ORIGINE D'UNE LÉGENDE AÉRIENNE

Le massif dunaire de Portbail, riche de la présence d'espèces rares, telle la pyrole à feuilles rondes, est aussi appelé Lindbergh-Plage. Le cordon sableux doit moins son nom à quelque épisode obs-

PORTBAIL ET SON HAVRE / PHOTO S. B./CDT 50.

cur de l'histoire de l'aviateur qu'au titre donné par une société immobilière, dans les années 1930, à son projet d'empire de béton.

Les légendes nébuleuses qui planaient autour du passage aérien de l'aviateur Lindbergh en 1927 expliquent sans doute le choix de ladite société. Pour certains, en effet, celui-ci aurait survolé la plage de Saint-Lô-d'Ourville en arrivant en Europe. D'autres confirment qu'il a effectué une escale à Lessay avant son retour maritime aux États-Unis. À l'aller ou au retour, la visite éclair du personnage aura laissé des traces dans les mémoires et sur le territoire.

Entre **havre** et **dunes** de **Lindbergh**

PR® **33**

FACILE

2H40 • 8KM

L'espace dunaire de Lindbergh donne l'impression de marcher sur la lune.

> Ce circuit emprunte à l'aller et au retour une passerelle submersible impraticable et dangereuse par marée montante *(se renseigner impérativement sur les horaires de marée et utiliser, si besoin, l'itinéraire de substitution indiqué en tirets sur la carte).*

1 De la place du Castel, laisser le pont à droite, emprunter la rue Trousse-Cotillon et poursuivre par la promenade Aubert qui longe le havre. Continuer jusqu'au hameau de la Rivière.

2 Franchir à droite la passerelle *(submersible)* qui enjambe la Grise, puis tourner à droite le long des « mielles » cultivées et passer le pont aux Œufs.

3 S'engager à gauche sur le sentier qui longe le ruisseau et remonter le chemin sablonneux jusqu'au camping.

4 A l'intersection avec la D 72E1, emprunter celle-ci à droite et rejoindre les premières habitations.

5 Prendre à gauche la piste herbue sur 500 m puis tourner à droite. Rejoindre les dunes et le littoral.

6 Poursuivre à droite par le littoral et atteindre les maisons de Lindbergh-Plage. A l'entrée du village, continuer sur la route qui longe la mer.

7 Au bout de la rue, s'engager sur le sentier qui serpente dans la dune. Après 300 m, traverser le cordon dunaire pour rejoindre une voie herbue. Poursuivre sur ce sentier par la gauche. A la croisée des chemins, bifurquer à droite pour arriver à l'anse, face au port de la Caillourie de Portbail.

8 Prendre le chemin qui longe le premier cordon dunaire côté havre pour rejoindre ensuite la passerelle dénommée Pont aux Œufs.

3 Revenir par la passerelle *(submersible)* et regagner Portbail.

S SITUATION
Portbail, à 45 km au sud de Cherbourg par les D 904, D 903 et D 50

P PARKING
place Edmond-Laquaine

B BALISAGE
jaune

! DIFFICULTÉS !
circuit comportant un chemin submersible impraticable à marée haute entre **2** et **3** (se renseigner sur les horaires de marée)

À DÉCOUVRIR...

> **En chemin :**
• Portbail : église Notre-Dame XIe, baptistère gallo-romain VIe, pont aux 13 arches
• havre
• massif dunaire

> **Dans la région :**
• train touristique de Carteret
• Canville-la-Rocque : église (fresques XVIe) ; château d'Olonde
• Fierville-les-Mines : moulin et meunerie
• Saint-Lô-d'Ourville : manoir médiéval du Parc et sa ferme
• liaisons maritimes avec les îles de Jersey et Guernesey

Cap de Carteret et dunes perchées

PR® 34

FACILE

3H • 9,5KM

Port, dunes, îles… Barneville-Carteret offre des espaces naturels préservés et garde le charme d'une station balnéaire.

1 De la place, passer devant l'ancienne gare et prendre la rue du Val à droite.

2 Au rond-point, rejoindre le port de plaisance, passer le manoir de Carteret et poursuivre par la promenade du Petit-Port. Longer le chenal.

3 Prendre la première route à droite. Elle mène au cap, rue de la Corniche. Au carrefour, suivre la rue à gauche et dominer la plage de la Potinière.

4 S'engager à gauche sur le petit sentier *(ancien chemin des douaniers)* qui contourne le cap de Carteret et passer près de la vieille église et de la source Saint-Germain. Continuer à droite par la route.

5 Monter à gauche et franchir deux clôtures. Longer la clôture dans le massif dunaire et accéder à la table d'orientation.

6 Passer devant le lavoir et prendre la D 201 à droite sur 500 m. Avant le virage, s'engager à droite sur le chemin de la Cohue qui mène aux dunes. Contourner la dune haute par la gauche, suivre la clôture et continuer par l'avenue des Douits qui rejoint le point de départ.

DUNES D'HATAINVILLE / PHOTO F. C./CDT 50..

S SITUATION
Carteret, à 37 km au sud-ouest de Cherbourg par les D 904 et D 902

P PARKING
place de Flandres-Dunkerque

B BALISAGE
jaune

! DIFFICULTÉS !
• bord de falaise entre **4** et **5**
• circulation sur la D 201 après **6**

À DÉCOUVRIR...

> **En chemin :**
• port de plaisance et manoir de Carteret
• vue sur le havre de Barneville et les plages
• phare et ancien corps de garde du Nez
• ruines de la vieille église
• massif dunaire préservé
• lavoir

> **Dans la région :**
• Barneville : clocher fortifié (chapiteaux romans)
• train touristique de Carteret
• Les Moitiers-d'Allone : moulins
• Fierville-les-Mines : moulin à vent céréalier
• Saint-Lô-d'Ourville : manoir médiéval du Parc et sa ferme

DUNES PERCHÉES

Au nord du cap de Carteret, les dunes prennent de la hauteur. Perchées sur une falaise fossile, elles dominent la côte des Iles à plus de 80 mètres d'altitude. Jusqu'au début du XXᵉ siècle, une véritable mer de sable s'étendait entre Hattainville et Carteret. Poussé par des vents d'ouest, le sable a englouti de ses vagues au XIXᵉ siècle un moulin, situé pourtant à 1 500 mètres du rivage…

Propriété du Conservatoire du littoral, les dunes d'Hatainville sont aujourd'hui couvertes d'une végétation herbacée. Un troupeau de vaches y est mené en pâture pendant l'hiver. La ges-tion pastorale en mode extensif des dunes favorise la présence d'une grande diversité d'espèces et permet de préserver le renouvellement de la végétation. La conservation des paysages si caractéristiques des dunes du Cotentin est ainsi assurée.

PANICAUT / DESSIN N.L.

LES DUNES D'HATTAINVILLE DEPUIS LE CAP DE CARTERET / PHOTO S.B./CDT 50.

La Corbière / Photo OT de Jersey.

ENVIRONNEMENT
LES ÎLES ANGLO-NORMANDES

Dans les yeux de Victor Hugo, ces « petits pays entourés de grands spectacles » ont « des airs de Sicile, dans un grand haillon d'azur ». Les îles anglo-normandes ont le charme de l'isolement, la douceur et la beauté, et elles attirent jusqu'aux plus grands financiers.

Jersey, l'île fleur, séduit les gens du Cotentin qui y retrouvent le patois normand et y dégustent soupe de caboche (chou) ou bourdelots (pommes en croûte). À Guernesey, les « rhododendrons sont parmi les pommes de terre », comme l'indiquait Victor Hugo. Aurigny, la nordique, flirte avec les oiseaux et les amoureux de la pêche. Sercq, la féodale, se visite à vélo.

À Herm, où il est interdit d'allumer sa radio sur la plage, on peut visiter le rocher mémorial du perroquet de sir Percival Perry. Li-Hou, la toute petite, a connu les moutons mangeurs de goémon du colonel Wootten.

Jet-Hou fut la première île de la Couronne au XIe siècle, les dernières étant les Minquiers et les Écréous jusqu'en 1953.

Mais pourquoi ne pas faire un saut sur le plus petit ilot des iles anglo-normandes, Brecq-Hou, au milieu de l'eau ?

Goéland marin / Dessin P.R.

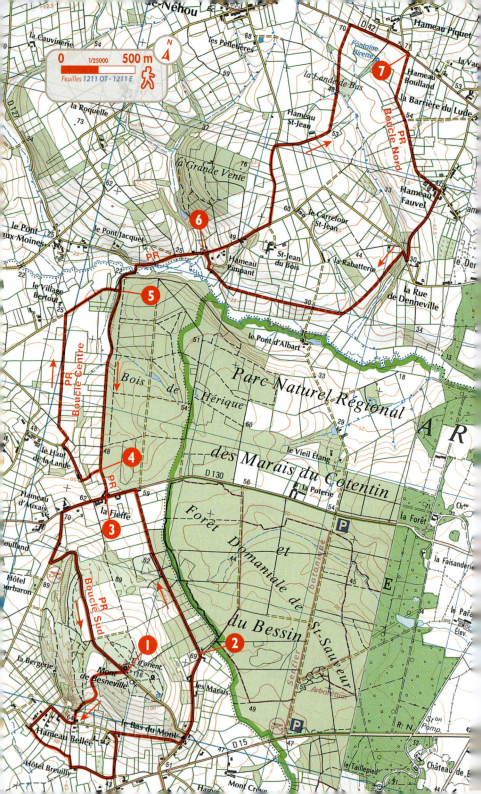

Le **bois Hérique**

Marchez à travers les paysages mystérieux de bois et de landes qui ont inspiré l'écrivain Barbey d'Aurevilly et qu'il a décrit dans ses ouvrages.

1 Descendre à droite, au plus près du calvaire, dans la lande sur 500 m. À Hameau Bellée, prendre la route à droite, la route à gauche, puis le chemin de terre à gauche et arriver à l'entrée de Hameau Martin. Suivre la route à gauche puis, au Bas-du-Mont, tourner à droite et emprunter la route à gauche. Passer Les Marais.

2 Au coin d'une ferme remarquable, prendre le chemin de la Forêt à gauche sur 1,2 km, puis la D 130 à gauche et gagner La Fieffe *(circuit Sud de 6 km : continuer tout droit puis à gauche pour revenir à* **1** *).*

3 Partir vers la forêt (nord).

4 Prendre le chemin à gauche, la route à droite, puis le chemin forestier à droite. Tourner à gauche, puis bifurquer à droite et gagner La Louetterie. Virer à droite, passer le cours d'eau et arriver à un carrefour en T *(possibilité de regagner La Fieffe, circuit de 3,5 km).*

5 Prendre le chemin à gauche en lisière du bois, puis emprunter la route à droite.

6 Au croisement, monter tout droit par le chemin qui coupe le virage de la route et continuer par la route sur 300 m. Emprunter le chemin de terre à gauche, traverser la route et poursuivre par le chemin du Hameau Saint-Jean. Prendre la D 42 à droite sur 400 m.

7 Descendre à droite par le chemin empierré et gagner Hameau Fauvel. Prendre la route à droite puis, au carrefour, la route à droite sur 50 m et s'engager sur le large chemin empierré à gauche. Poursuivre tout droit le long de la vallée de la Saudre. Emprunter la route à gauche et retrouver le croisement de l'aller.

6 Regagner le carrefour en T, en lisière du bois de Hérique *(fin du circuit nord de 6 km).*

5 Monter tout droit dans le bois.

4 Rejoindre La Fieffe.

3 Prendre à droite (ouest) la D 130 sur 400 m, la route à gauche sur 300 m puis, au niveau de l'aire de pique-nique, monter à gauche par la route qui mène au sommet du mont de Besneville (116 m).

S SITUATION
Saint-Sauveur-le-Vicomte, à 15 km au sud de Valognes par la D 2

P PARKING
Mont de Besneville, par la D 15, entre Saint-Sauveur-le-Vicomte et Portbail

B BALISAGE
jaune

À DÉCOUVRIR...

> **En chemin :**
• mont de Besneville : panorama, table d'orientation
• ferme remarquable
• arbres du bois de Hérique

> **Dans la région :**
• forêt domaniale de Saint-Sauveur et arboretum
• Saint-Sauveur-le-Vicomte : musée Barbey d'Aurevilly, château médiéval
• Crosville-sur-Douve : château médiéval et Renaissance

BARBEY D'AUREVILLY : LE DANDY DU COTENTIN

LANDE RASE SUR LE MONT DE BESNEVILLE /
PHOTO B.C./PNRM .

Né à Saint-Sauveur-le-Vicomte dans une famille de la petite aristocratie de robe, Barbey d'Aurevilly passe son enfance au bord des marais, au pied du château qui défend la vallée de l'Ouve. Installé à Paris comme journaliste après des études de droit à Caen, il n'oublie ni les histoires que lui racontait Jeanne Roussel, sa gouvernante, ni les paysages du Cotentin.

Des landes sinistres de l'*Ensorcelée* à la mer fougueuse d'*Une vieille maîtresse* en passant par les paysages des monts d'*Un prêtre marié*, c'est avec des mots puissants que celui que l'on nomma le « Connétable des Lettres » dépeint la vie et le cadre de ses héros normands. « Ces lacunes de culture, ces places vides de végétation (sinon une herbe rare et quelques bruyères…), ces têtes chauves pour ainsi dire, forment d'ordinaire un frappant contraste avec les terrains qui les environnent. Elles sont à ces pays cultivés des oasis arides… » Ces quelques lignes disent avec justesse le mont de Besneville que traverse le circuit.

LA FORÊT DE SAINT-SAUVEUR

Depuis le milieu des années 1960, la forêt de Saint-Sauveur-le-Vicomte est gérée par l'Office national des forêts, qui planifie et définit le repeuplement et les aménagements de ce massif de 234 hectares. Le choix des essences replantées s'est porté en premier lieu sur des bois d'œuvre ; acheté sur pied par des entreprises, il est transformé en bois de chauffage, en palettes, etc. Ainsi, les bois blancs (bouleaux, trembles, aulnes) occupent les deux tiers de la surface de la forêt. Le chê-

ne et le châtaignier en couvrent 15 %. Des essences précieuses, comme le merisier, sont représentées en moindre quantité. Comme la forêt est également un lieu de ressourcement et de découverte, les forestiers entretiennent toute une infrastructure pour accueillir le public : circuits de randonnée, arboretum, aires de jeux et de pique-nique. Une randonnée dans la forêt de Saint-Sauveur dément cette réflexion de Chateaubriand : « Les forêts précèdent les peuples, les déserts les suivent. »

FORÊT DE SAINT-SAUVEUR /
PHOTO A.M.

CHEVRETTE / PHOTO N.V.

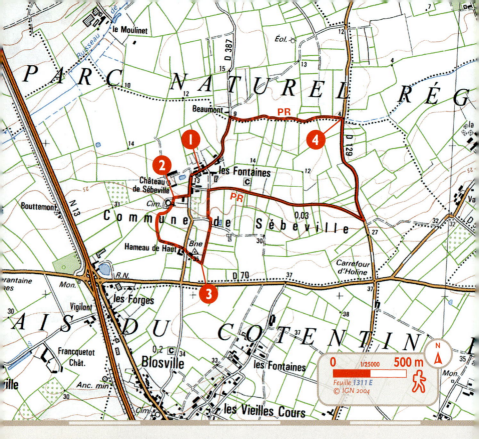

ENVIRONNEMENT
LES FONTAINES ET LES LAVOIRS AU PLAIN

Le Plain, frange orientale du Cotentin, est arrosé d'un entrelacs de cours d'eau dont les crues hivernales « blanchissent » les marais intérieurs ou arrière-littoraux. Descendus des collines bocagères, ils desservent des fontaines réputées miraculeuses et des lavoirs où quelques éleveurs continuent de remplir leurs citernes.

À Sébeville, blotti non loin de l'église pittoresque (XVIIᵉ siècle) et du château (XVIᵉ-XVIIIᵉ siècle), le bien nommé hameau des Fontaines profite des premiers affluents du Catrouge, ou Grande Crique, humble fleuve local. À deux pas d'une première rigole enchâssée dans une double haie,

tritons et grenouilles animent la nappe de lentilles d'eau d'un bassin entouré de murets, d'une fontaine et d'un quai, à l'ombre d'un poirier séculaire.

LAVOIR ET MAIRIE DE SÉBEVILLE / PHOTO B.C./PNRMCB.

Autour des **fontaines**

S SITUATION
Sébeville, à 3,5 km au sud-est de Sainte-Mère-Église par les N 13, D 70 et D 387

P PARKING
mairie

B BALISAGE
jaune

CORBEAUX FREUX / DESSIN P.R.

Près du château du duc de Plaisance, partez en promenade pour découvrir les fontaines et les lavoirs de la région du Plain.

1 De la mairie, suivre la D 387 qui passe devant de remarquables maisons de pierre et monte vers le Sud, sur 200 m *(fontaine de pierre à droite ; vue sur le château de Sébeville)*, puis se diriger à droite vers l'église.

2 Entrer par le portail dans le cimetière, passer à gauche de l'église, franchir un échalier de granit et s'engager sur le chemin herbeux qui, plus loin, vire à gauche (panorama sur le village et le bocage). Traverser la route et continuer par le chemin ombragé sur 100 m.

3 Emprunter le chemin agricole à gauche sur 500 m, s'engager dans le chemin très creux à droite puis suivre la D 129 à gauche sur 750 m.

4 S'engager à gauche sur le large chemin qui longe le ruisseau de la Grande-Crique et arriver à Beaumont. Emprunter la D 387 à gauche *(réservoir)* et retrouver le point de départ à côté du lavoir de la mairie.

À DÉCOUVRIR...

> En chemin :
• maisons de pierre
• fontaines
• église XVIIe et château
• lavoir (planches à laver de pierre blanche)

> Dans la région :
• Sainte-Mère-Église : église, musée des Troupes aéroportées, ferme-musée du Cotentin
• Sainte-Marie-du-Mont : église, musée du Débarquement, réserve naturelle et observatoires de Beauguillot
• Les Veys : manoir de Cantepie

UN PEU D'HISTOIRE

NORMANDIE, TERRE DE LIBERTÉ

Près de la Madeleine, un lieu voit le jour le 6 juin 1944 : Utah Beach. Cette plage entre dans l'histoire lorsque la première vague d'assaut de 135 000 hommes des armées alliées y débarque après le largage de parachutistes par planeurs et avions Dakota sur les marais. Elle doit son nom à l'état américain où, entre Rocheuses et Californie, vivent les indiens Utes.

Le 1er août 1944, c'est au tour de la célèbre 2e division blindée du général Leclerc de Hautecloque, incorporée à la 3e armée américaine, de débarquer. Avec 5 000 véhicules (dont les chars Scherman) et 16 000 hommes, dont deux compa-

gnies médicales (les Rochambelles et les Marinettes), celle-ci va gagner Alençon, puis libérer Paris et Strasbourg avant d'arriver à Berchtesgaden.

BORNE DU DÉBARQUEMENT À UTAH-BEACH / PHOTO M.F.H.

Utah Beach

Les marais bordés d'iris jaunes, mauves et salicaires gardent encore le souvenir du Jour J (« D Day ») en 1944.

GUIMAUVE / DESSIN N.L.

1 Du monument Leclerc, prendre la route Fottrell-Road à gauche, puis le chemin entre les champs à droite. Traverser la D 421 et continuer par la chasse (chemin) Godet en face. Elle serpente entre les sablons et les bas herbages, puis monte en pente douce. Continuer à droite par la petite route sur 250 m, passer l'église et déboucher sur la D 423.

2 La prendre à droite sur 600 m. Après le virage à droite, s'engager sur le chemin à gauche. Il passe par Mont-ès-Pies et Vaugoubert. Continuer par la route qui traverse La Rivière et gagner la ferme Gerville.

3 La longer par la gauche et prendre le chemin à gauche sur 400 m. Suivre la route à gauche, traverser et prendre la route à droite, emprunter la route Pugoch-Road à droite jusqu'au carrefour des D 129 et Goodman-Road *(croix)*.

4 Se diriger à gauche vers l'église sur quelques mètres, puis s'engager à droite sur le petit chemin. Emprunter la route Goodman-Road à gauche sur 100 m, la route à droite puis la route à gauche.

5 Après l'église de Foucarville, tourner à droite. Suivre la route à gauche, puis la route à droite sur 50 m. Partir à gauche. Le chemin vire à droite et arrive à Dauphin.

6 Tourner à gauche, puis s'engager à droite sur le chemin pierreux qui descend vers la mer et arriver près d'anciens bunkers, dans la dune.

> À marée basse, rejoindre à droite le monument Leclerc par la plage.

7 Virer à droite et emprunter le bas-côté herbeux de la D 421 pour revenir au monument Leclerc.

S SITUATION
Utah Beach, à 50 km au sud-est de Cherbourg par les N 13 et D 423

P PARKING
monument Leclerc

B BALISAGE
jaune

À DÉCOUVRIR...

> En chemin :
• monument Leclerc
• fermes de caractère
• églises intéressantes
• chemins (chasses) du bocage
• nombreux blockhaus (bunkers)

> Dans la région :
• Sainte-Marie-du-Mont : église (clocher le plus haut du Cotentin), musée du Débarquement, réserve naturelle et observatoires ornithologiques de Beauguillot
• Quinéville : musée Mémorial de la Liberté retrouvée
• Les ponts d'Ouve : espace de découverte des marais du Cotentin et du Bessin

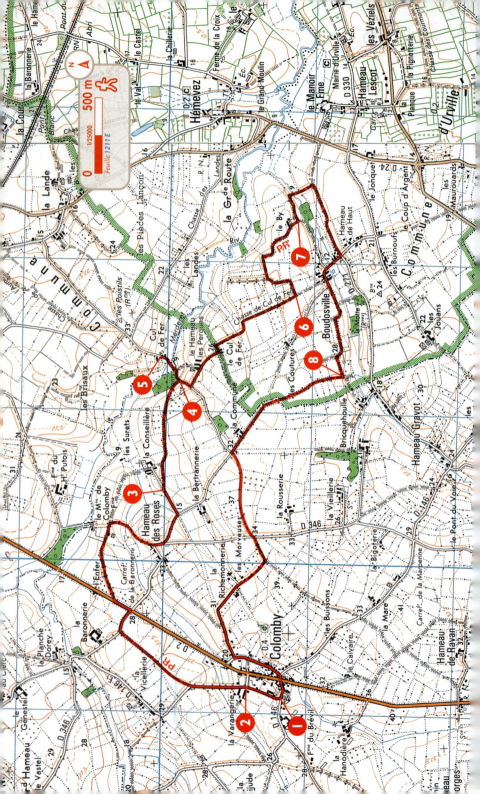

Le **Cul** de **Fer**

PR® 38

FACILE

3H • 10,5KM

Fermes et manoirs sont un régal pour les yeux dans cette campagne baignée par le Merderet. Une halte s'impose au Cul de Fer.

❶ De l'église, suivre la D 146E1 vers le terrain de sport et l'école.

❷ À La Varangerie, continuer par la D 146E1, puis s'engager sur le large chemin à droite. Prendre la route à droite, puis longer à gauche la D 2 sur 200 m *(prudence !)* et partir à droite vers le garage. Descendre par le chemin herbeux jusqu'à Hameau des Roses, continuer par la route à gauche, puis encore à gauche vers La Conseillère.

❸ S'engager sur la grande chasse (chemin) à droite et atteindre une intersection.

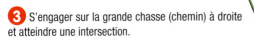

AIL DES OURS / DESSIN N.L.

❹ Prendre le chemin à gauche et atteindre le site du Cul-de-Fer *(rivière, moulin et petits ponts aux ânes qui allaient porter farine ou grain).*

❺ Reprendre en sens inverse le chemin de l'aller.

❹ Se diriger à gauche vers le hameau des Perques puis le Cul de Fer. Tourner à gauche, puis suivre la grande chasse à droite. Après un virage, elle descend à Boudosville.

❻ 300 m avant le hameau, prendre le chemin à gauche. Il zigzague dans le bocage et passe Le By (ruines).

❼ S'engager dans le chemin à gauche puis à droite. Laisser un chemin à gauche pour rejoindre à droite le Hameau de Haut. Au calvaire, prendre à droite pour atteindre Boudosville. Continuer tout droit le large chemin ombragé, sur 600 m.

❽ Tourner à droite, descendre et rejoindre La Commune (ferme). Au carrefour, s'engager sur le chemin à gauche, couper la D 346 et, à l'embranchement, prendre la chasse à droite. Entre des haies remarquables, passer La Richemonnerie, puis continuer par la route. Au croisement, avant la D 2, suivre la route à gauche sur 350 m. Laisser une route (D 146) à gauche et tourner à droite. Traverser la D 2 *(prudence !)* rejoindre l'église en face.

S SITUATION
Colomby, à 7 km au sud de Valognes par la D 2

P PARKING
église - mairie

B BALISAGE
jaune

! DIFFICULTÉS !
traversée de la D 2 entre **8** et **1** puis **2** et **3**

À DÉCOUVRIR...

> En chemin :
• chemins et demeures du bocage (pierres de Valognes)
• site du Cul-de-Fer sur la rivière Merderet (moulin et petits ponts aux ânes)

> Dans la région :
• Valognes : hôtels particuliers, abbaye Notre-Dame-de-Protection, musée du Cidre et du Calvados, vestiges romains d'Alauna
• cidreries de Saint-Joseph et Négreville
• Hemevez : église et bourg remarquables

LES VIEUX PONTS DE CUL-DE-FER

PONT MÉDIÉVAL DU MERDERE / PHOTO B.C./PNRM.

Dans un goulet de la vallée du Merderet, des ponts prétendument romains ou médiévaux jalonnent une voie ancestrale du Clos du Cotentin. Ces ponts dits de Cul de Fer – altération de mots scandinaves désignant des fonds humides – témoignent de l'importance du franchissement des marais pour le flot des piétons et des cavaliers d'antan. Dans ces vallées soumises aux crues et aux flux qui faisaient du Cotentin presque une île, les traversées se limitaient à des gués – parfois pavés –, voire au mieux à des chaussées et à des ponts que remplaçaient, au gré des saisons ou des destructions, des bacs. Elles s'effectuaient toujours au profit de passeurs ou d'autorités qui y exerçaient un droit de péage. Au débouché de chemins gardés par le manoir des Perques, l'implantation d'un moulin sur un îlot explique peut-être la présence ici d'arches muletières. Protégées de becs et équipées de vannes, elles semblent surtout adaptées à l'activité et aux allées et venues des convois du cache-pouque (garçon meunier).

L'ÂNE DU COTENTIN

L'âne du Cotentin était en voie de disparition. En 1995, quelques amoureux créent une association pour dresser un inventaire du cheptel et le réhabiliter. Ils portent le dossier à la connaissance du ministre de l'Agriculture. En 1996, 122 sujets très homogènes sont réunis à Villers-Bocage devant la commission des haras nationaux. La race est reconnue, sa survie assurée. Le baudet « âne du Cotentin » est apte « à la montée » (saillie) en 1997.

Environ 2 500 ânes paissent à ce jour dans les campagnes normandes. Outre sa taille (de 1,15 à 1,3 mètre à l'âge de quatre ans), vous le reconnaîtrez à sa robe gris cendré, gris bleuté ou gris tourterelle – avec une bande cruciale ou raie de mulet gris foncé sur les épaules, dite « croix de saint André » –, mais également à son ventre gris-blanc, à son œil vif entouré de lunettes de couleur claire et, enfin, à ses grandes oreilles.

ÂNES DU COTENTIN / PHOTO C.L.T.

MOULIN DE COLOMBY / PHOTO C.L.T.

TRADITION

Le sel

La Vente aux Saulniers, La Saline, etc. : ces lieux-dits évoquent une denrée essentielle, le sel. En Normandie, on le tire de la mer. Une foule d'ouvriers (ou *boisdrots*) travaillaient autrefois dans les salines (380 salines en 1780).

À marée basse, le sable est mis en tas (les *moidrets*), enlevé par charrettes, porté dans des cuves et lavé à l'eau de mer. L'eau écoulée va bouillir dans des chaudrons chauffés au bois provenant de ce lieu-dit : la Vente aux Saulniers. De l'eau évaporée, il reste le sel. Porté dans des ruches, à l'abri, puis stocké au grenier à sel, il est acheté deux fois par an par les habitants. Un impôt est prélevé sur les possesseurs des salins : le

SCULPTURE AU VAL-ES-LOUPS /
PHOTO J. M.

quart bouillon (un quart de la production est remis aux greniers royaux).

Le **bois** du **Longbost**

Au Dur Écu, l'aïeul maternel de Guy de Maupassant était meunier. À la croix de Brix, Roman Polanski tourne Tess et, au Val-es-Loup, vous pourrez voir le « loup ».

1 De l'église des Perques *(point de vue sur les monts de Doville, Étenclin, les bois de Saint-Sauveur et de Limors)*, se diriger par la route vers hameau Giot.

2 Descendre par la route à droite, emprunter la D 50 à gauche sur quelques mètres, puis la route à droite. Elle passe Durécu (ou Dur-Écu), coupe la D 127, et arrive au Pré Philippe. Continuer par le chemin forestier et franchir le pont au-dessus de la voie verte. Poursuivre par la route, franchir la rivière l'Aizy et atteindre la ferme du Plavé.

3 Monter par le chemin à gauche. Au sommet de la côte, prendre la route à gauche sur 200 m puis pénétrer tout droit dans le sous-bois par le chemin qui descend vers l'Aizy *(rivière qui traverse Bricquebec)*. Il passe sous la voie verte. Continuer par la chasse qui coupe la D 50 et mène à La Croix de Brix.

> **Variante du Val ès Loups : tourner à gauche en direction du Val ès Loups *(sculpture de Gilbert Lemarié)*. Prendre à gauche le chemin empierré. Tourner à droite par le sentier étroit. À gauche, retrouver le point de départ.**

4 Continuer par la route sur 600 m et prendre le troisième chemin à gauche. Virer à droite, puis descendre par la route à gauche et emprunter le chemin du Val Fontaine. Il conduit au Paradis. Poursuivre par la route jusqu'au carrefour de Hameau Giot.

2 Regagner l'église à droite.

DIGITAL POURPRE / DESSIN N.L.

S SITUATION
Les Perques, à 16 km au sud-ouest de Valognes par les D 902, D 50 et D 422

P PARKING
église

B BALISAGE
jaune

À DÉCOUVRIR...

> **En chemin :**
• Val-es-Loups : sculpture de loups
• panorama sur la vallée de la Scye et les monts du Cotentin

> **Dans la région :**
• Bricquebec : trappe, château, donjon et musée des Traditions (la recherche du temps perdu)
• Saint-Sauveur-le-Vicomte : forêt domaniale et arboretum

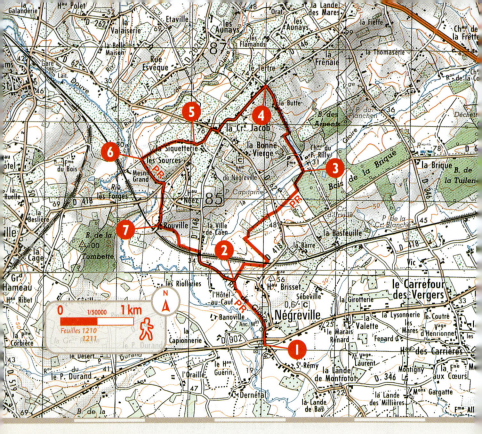

PATRIMOINE

LES MOULINS DE LA VILLE NOIRE

Négreville (*Villa-Negris* ou Ville-Noire) tient son nom des forêts qui la couvrait et l'assombrissait le jour. Elle est traversée par la Gloire, rivière au long de laquelle on observe les vestiges de l'industrie locale d'antan.

Au XIXe siècle, pour se nourrir et s'habiller, il faut moudre des céréales et fabriquer du coton. La force motrice de l'eau se montre alors indispen-

sable, et six moulins fleurissent de part et d'autre de la Gloire. La plupart d'entre eux sont aujourd'hui en ruine. Le moulin de La Ville est authentique, de cette époque, et son mécanisme, quasi intact, est d'origine. Les ruines de la filature de coton de La Coudre témoignent quant à elles des échanges passés avec la ville de Rouen.

ROUE DU MOULIN DE LA VILLE NOIRE / PHOTO S.B./CDT 50.

Autour de la **Gloire**

Dans les vallées de la Douve et de la Gloire, il reste un petit frisson des grandes forêts sombres du Cotentin qui donnèrent son nom à Négreville (*ville noire*).

S SITUATION
Négreville, à 7 km à l'ouest de Valognes par la D 902

P PARKING
église

B BALISAGE
jaune

ÉPI DE BLÉ /
DESSIN N.L.

1 Traverser la D 902 *(prudence !)* et arriver au vieux moulin de la Ville. Continuer par la chasse Avice *(à gauche, vue sur les vallées de l'Ouve et de la Gloire ; remarquer la grande croix des Templiers haute de 6 m)* et atteindre un carrefour.

2 Prendre la route à droite sur 100 m puis, dans le virage, le chemin en face. Il vire à droite et longe la voie ferrée. Passer sous celle-ci. Poursuivre par le chemin de terre à gauche. Passer la butte, couper la D 62, se diriger vers le bois, puis emprunter à gauche le chemin en lisière. Traverser la corne du bois et arriver dans la vallée de la Gloire, à côté du château du Pont-Rilly.

3 Suivre la vallée à gauche. Au carrefour, tourner à droite puis à gauche et passer La Butte.

4 Emprunter la D 146 à gauche. À La Croix Jacob, continuer par la D 146 sur 600 m *(puits remarquable à La Frênaie)*.

5 À La Siquetterie, prendre le chemin empierré à droite sur 600 m.

6 Au carrefour, se diriger à gauche vers Hameau Baudry, traverser la D 418 vers la droite et, dans le virage, poursuivre tout droit par le chemin. Continuer par la route et gagner Rouville.

7 Tourner à gauche, longer la voie ferrée, passer le pont et emprunter la route à droite. Retrouver le carrefour de l'aller.

2 Par la chasse Avice à droite, regagner Négreville.

À DÉCOUVRIR...

> **En chemin :**
• Négreville : moulin céréalier (à eau)
• fours à chaux
• croix Jacob
• stèle américaine, au point 7 à 50 m

> **Dans la région :**
• Valognes : hôtels particuliers, abbaye Notre-Dame-de-Protection, musée du Cidre et du Calvados, vestiges romains de la ville d'Alauna, brasserie

Le **cap** de **Flamanville**

PR® **41**

DIFFICILE

4H • 15KM

Culminant à plus de 130 mètres, la roche à Coucou couronne la baie de Sciotot. Dès les crêtes qui surplombent le bas-pays côtier, retrouvez le bocage verdoyant et calme des villages et hameaux.

1 De la place à côté de l'église et de la salle Le Raffiot, couper la D 4 et entrer dans le parc du château par la porte située près de la tour Jean-Jacques et du monument. Traverser le parc.

2 Dos au château, prendre l'allée centrale, traverser la D 4 et entrer dans le bois à gauche du portail. Suivre le sentier qui le traverse le long du vallon. Il passe près d'un étang, continue dans le bois, remonte un vallon et sort du bois.

3 Se diriger à gauche. À la croisée des chemins, tourner à gauche et passer Ertot. Continuer par la route à droite et emprunter la D 265 à droite. S'engager dans le chemin creux à gauche, puis contourner Hôtel Buhot par la droite.

4 Prendre le deuxième chemin à droite, traverser la D 265 puis la D 4 et rejoindre la route de la lande des Pieux.

5 La suivre à droite vers la roche à Coucou et continuer tout droit par le chemin. Passer près d'un poste d'observation *(bétonné par les troupes allemandes)* et descendre par le sentier à gauche de l'esplanade. Traverser Sciotot et atteindre un carrefour au bas du hameau.

6 Prendre la D 517 à droite puis, au carrefour, la route qui longe l'arrière du bord de mer. Continuer par le chemin goudronné puis la route qui monte. À la bifurcation, suivre la route à gauche et continuer par le sentier du littoral qui parcourt les falaises de Flamanville *(prudence)*. Passer le sémaphore et atteindre une intersection.

7 Emprunter le chemin à droite. Il mène à Hameau Férey. Prendre la route à gauche, puis entrer dans le parc du château à droite.

2 Rejoindre le parking.

S **SITUATION**
Flamanville, à 25 km à l'ouest de Cherbourg par les D 904 et D 4

P **PARKING**
église

B **BALISAGE**
jaune

! **DIFFICULTÉS !**
• chemin glissant par temps de pluie avant **6**
• prudence dans les falaises entre **6** et **7**

À DÉCOUVRIR...

> **En chemin :**
• château de Flamanville XVIIᵉ
• lande des Pieux et roche à Coucou
• panorama sur les îles anglo-normandes
• Sciotot : hameau pittoresque
• falaises de Flamanville (dolmen et sémaphore)

> **Dans la région :**
• Les Pieux : église, marché
• Cherbourg : Cité de la mer, vieille ville et port, église de la Trinité, ancienne abbaye du Vœu, arsenal, fort du Roule (musée de la Guerre et de la Libération), visite de la rade en bateau

LE CAP DE FLAMANVILLE

Le cap de Flamanville est réputé pour la qualité de son granite gris. Exploité de tout temps pour les besoins de la population locale, il est employé au XVIIIe siècle pour les travaux des ports du Havre et de Fécamp, puis, tout au long du XIXe siècle, pour l'aménagement du port militaire de Cherbourg. Le grand nombre des postes d'extraction qui s'échelonnent dans les falaises de Diélette à Sciotot en témoigne.

De la forme d'un gros œuf, son flanc ouest est battu par la mer. Ce massif granitique serait monté du magma terrestre, il y a plus de 300 millions d'années, avant de s'injecter dans les terrains préexistants qu'il a métamorphisés, terrains que l'on retrouve en sa périphérie (à Sciotot, notamment).

S'éloigner du granite permet de se rendre compte de la diversité des roches du vieux massif armoricain. Tributaires du sous-sol environnant, les petites maisons rurales dispensent une leçon élémentaire de détermination : les vieilles maisons sont toutes filles du sol dont elles ont conservé la couleur.

CAP DE FLAMANVILLE /
PHOTO S.F. /CDT 50.

CHÂTEAU DE FLAMANVILLE

L'écuyer Colin Basan acquiert la seigneurie de Flamanville en 1406, en pleine guerre de Cent Ans. Louis XIII l'érige en baronnie pour services rendus au roi pendant les guerres de religion. À l'abri de murailles que des douves entourent, le logis seigneurial est modernisé avec l'ouverture de grandes portes et de fenêtres. La basse-cour, qui jouxte la demeure du grand bailli du Costentin (que Louis XIV nommera marquis), est également aménagée : des digues viennent retenir les eaux des étangs, et des bosquets d'arbres de haute futaie sont plantés (l'un d'eux abrite une glacière). Avant 1750, Jean-Jacques Basan (un descendant) élèvera de part et d'autre de la cour d'honneur deux pavillons qu'il prolongera par deux ailes aux toits plats bordés de balustres de pierre. Puis il aménagera la tour Jean-Jacques. Cet ensemble à la symétrie des plus parfaites est devenu propriété de la commune de Flamanville, qui s'emploie chaque année à d'importants travaux de réhabilitation.

CHÂTEAU DE FLAMANVILLE /
PHOTO S.F./CDT 50.

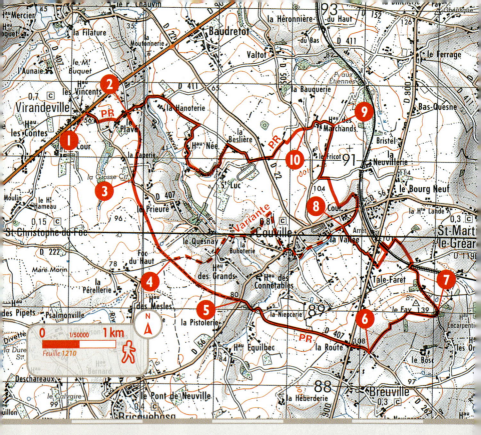

GASTRONOMIE

GOURMANDISES DE LA HAIE

Drupes (fruits) couleur de feu de l'aubépine, prunes bleu profond de l'épine noire, cynorrhodons (fruits) orange de l'églantine, mûres noir bleuâtre de la ronce des bois ou baies violacées du sureau noir parent les haies de l'*épigache* ou des *houguettes* (du scandinave : hauteurs).

Pour finir en beauté une randonnée d'automne gourmande, pourquoi ne pas vous lancer dans la confection d'une délicieuse gelée de sureau ?

Cueillir avec soin des baies de sureau. Les faire éclater dans une bassine avec très peu d'eau. Filtrer, peser la même quantité de sucre roux que de jus ainsi obtenu et mélanger le tout avec douceur. Laisser cuire ce mélange durant 5 minutes à franche ébullition et mettre en pots sans attendre. Puis les ouvrir et se souvenir…

AUBÉPINE / PHOTO S.B./CDT 50.

L'Épigache

Au sud de Cherbourg, découvrez une campagne aux haies bocagères dans les petites vallées entre Douve et Divette.

1 Traverser la D 904 *(prudence !)*. Prendre la D 407 en direction de Couville sur 300 m, puis bifurquer à gauche et gagner Le Pavé.

2 S'engager à droite dans le chemin très creux de l'Épigache, bordé de hautes haies et long d'1 km, puis arriver à la Grosse Croix de pierre.

3 Emprunter le grand chemin à gauche sur 1,5 km. Passer devant une petite croix de granit et 250 m plus loin, atteindre une intersection.
> Sur la gauche, variante vers le point 8 : *tracé sur carte en tirets*.

4 Continuer tout droit, couper la D 56 et prendre en face la petite route.

5 Suivre la D 407. Au carrefour, traverser la D 900.

6 À La Croix-Jourdan, monter à gauche par l'allée de hêtres vers le mont du Fay *(signifie hêtre)*.

7 Descendre à gauche dans le bois et franchir à droite le pont de Quetteville. Prendre à gauche le chemin ombragé derrière le hangar. Après plusieurs zigzags *(bien suivre le balisage)*, traverser la D 900 et continuer tout droit le long d'un garage en direction de La Vallée.

8 Monter par la route à droite, couper la D 56 et gagner La Dorangerie. Monter tout droit, puis suivre le chemin à gauche. Il vire à droite. Prendre la route à gauche, puis la route à droite et arriver à un croisement.

9 Tourner à gauche, passer Hameau des Marchands et emprunter la D 505 à droite sur 50 m.

10 S'engager dans le chemin herbeux à gauche, couper la D 22, bifurquer à droite vers La Beslière et, après les maisons, descendre à gauche par la chasse, longer le vallon de Marvis. Monter par la route à droite à hameau Née, puis suivre la route à gauche et passer La Hanoterie. Continuer à gauche par la D 411 et retrouver Le Pavé.

2 Par l'itinéraire de l'aller, revenir au point de départ.

S SITUATION
Virandeville, à 12 km au sud-ouest de Cherbourg par la D 904

P PARKING
église

B BALISAGE
jaune

! DIFFICULTÉS !
traversée de la D 904 en **1**

À DÉCOUVRIR...

> En chemin :
• croix en pierre XVIIIe
• vallée du Maruis

> Dans la région :
• Parc du château de Martinvast
• Flottemanville-Hague/ Tonneville : observatoire-planétarium Ludiver

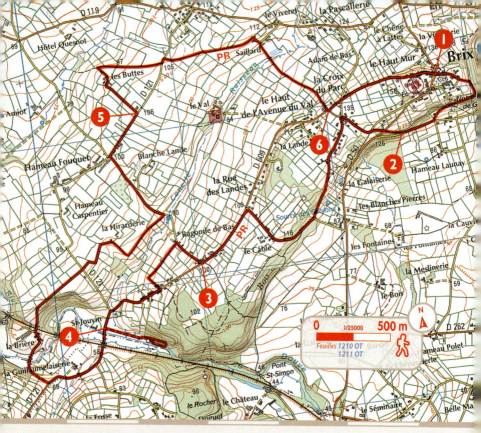

BRIX : BERCEAU DES ROIS D'ÉCOSSE

Brix, composée de plus d'une centaine de hameaux dispersés sur plus de 3 300 hectares, possède un riche passé historique. Le bourg est construit à l'intérieur d'une enceinte, fortifiée il y a cinq mille ans. De type éperon barré, ce dispositif défensif est enco-

DESSIN S.V.

re visible de nos jours. Au Moyen Âge, les seigneurs de Brix étaient les Bruce. Ils habitaient le château féodal appelé le château d'Adam, construit vers le XIe siècle sur l'extrémité est de la place fortifiée du Haut-Brix. Il n'en subsiste aujourd'hui que des ruines. Leur descendant, Robert VIII fut couronné roi d'Écosse en 1306 et sa fille épousa un Stuart, ancêtre de l'actuelle reine d'Angleterre. La forêt de Brix était jadis un « haras sauvage ». Ses chevaux, réputés pour leur endurance, étaient vendus à la foire de Saint-Denis. Celle-ci se tient toujours le premier week-end d'octobre.

Saint-Jouvin à Brix

PR® 43

MOYEN

3H • 12KM

La chapelle Saint-Jouvin, dans la vallée de la Douve, érigée près d'une source que l'on dit miraculeuse pour traiter l'eczéma, accueille chaque année, le lundi de Pentecôte, de nombreux pèlerins.

1 Prendre la rue à droite devant la pharmacie. Passer devant l'entrée du château. Le chemin descend en pente douce vers une stèle « Hastings ». Au croisement de chemins au-dessus de l'oratoire Notre-Dame-de-Grâce, poursuivre tout droit. Remonter la route sur 250 m.

2 S'engager dans le chemin à droite. Traverser la D 50 *(prudence !)*. Suivre la route en face. Passer l'aire de pique-nique. Au carrefour suivant, tourner à gauche dans un chemin qui descend à travers bois. Prendre à droite une route, puis emprunter à gauche la D 509.

3 Devant l'oratoire, tourner à droite et gagner Ragonde de Bas. Dans le hameau, prendre le chemin à gauche qui mène à Ragonde. Par la route à droite, descendre jusqu'au site de Saint-Jouvin.

4 Passer le portillon *(bien le refermer pour les animaux)*. Aller vers la chapelle et la fontaine au fond de la vallée. Emprunter la passerelle vers le sous-bois et l'autel, puis revenir au point **4**.
Franchir la Douve et suivre la route principale. S'engager sur le deuxième chemin à droite, traverser le hameau de La Brière puis le pont SNCF. Couper une route. Aller en face vers la Hirarderie par un chemin. Suivre à gauche la route vers le Hameau Fouquet, puis utiliser à droite la D 121.

5 Prendre le premier chemin à gauche, traverser le hameau Les Buttes, puis tourner à droite. Couper la D 121, gagner le hameau Saillard. Tourner à droite, franchir la rivière Canelle et remonter vers la D 509.

6 Tourner à gauche, au calvaire de la Croix du Parc, passer le Haut-Mur *(vestige protohistorique à droite)* et rejoindre l'église de Brix.

S SITUATION
Brix, à 10 km au nord de Valognes par les N 13, D 119 et D 50

P PARKING
place de l'Église

B BALISAGE
jaune

! DIFFICULTÉS !
• traversée de la D 50 entre **2** et **3**

À DÉCOUVRIR...

> En chemin :
• Brix : église (if), oratoire Notre-Dame-de-Grâce (reposoir)
• panoramas
• chapelle et fontaine Saint-Jouvin
• hameau Fouquet

> Dans la région :
• Valognes : hôtels particuliers, abbaye Notre-Dame-de-Protection, musée du Cidre et du Calvados, vestiges romains de la ville d'Alauna, brasserie
• Cherbourg : Cité de la mer, vieille ville et port, église de la Trinité, ancienne abbaye du Vœu, arsenal, fort du Roule (musée de la Guerre et de la Libération), visite de la rade en bateau
• Bricquebec : trappe, château, donjon et musée des Traditions (la recherche du temps perdu)

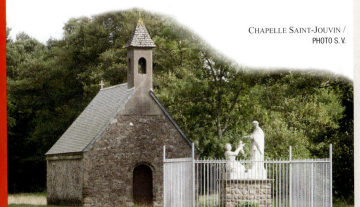

CHAPELLE SAINT-JOUVIN / PHOTO S. V.

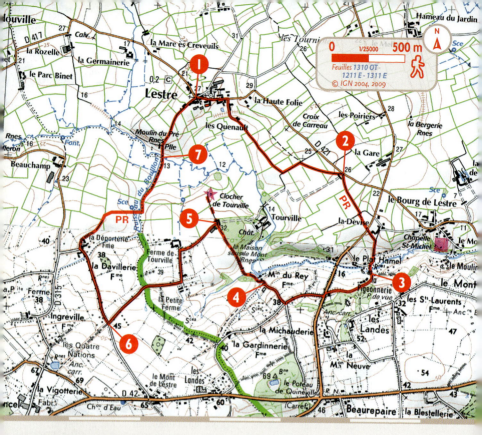

PATRIMOINE

MOTTE ET CHÂTEAU DE TOURVILLE

Le hameau de Tourville fut une commune jusqu'en 1812. Près de l'ancienne église, un tumulus s'élève. Au Xᵉ siècle, une motte féodale avait été dressée à cet endroit. Elle était composée d'une tour et d'une palissade en bois. Il ne reste plus que la moitié du fossé (de 4 m de profondeur), l'autre a été comblée. Son diamètre est de 90 m. C'est la plus importante de Normandie. La légende veut qu'un bateau soit enfoui sous la motte. Non loin de là, un château fut bâti par Jean Louis Avice de Tourville, capitaine de vaisseau. Au XVIIIᵉ siècle, cet édifice fut repris par Louis de la Bretonnière, « inventeur » du port de Cherbourg et premier préfet maritime.

Les extérieurs sont en pierre de Valognes, typique dans la région. Son parc s'étend sur 70 hectares.

VUE SUR LE CHÂTEAU DE TOURVILLE / PHOTO C.L.T.

Circuit du Bouillon

Le long du Bouillon et par-dessus le pont bleu de la Sinope, une balade autour de ce bourg célèbre pour sa cour-manoir et ses pommes, ses bois du château de Tourville.

MARTIN PÊCHEUR /
DESSIN P.R.

S SITUATION
Lestre-bourg, à 10 km à l'est de Valognes par les D 62 et D 417

P PARKING
église

B BALISAGE
jaune (sauf entre la D 14 et le point **3**)

! DIFFICULTÉS !
• traversée de la D 14 entre **2** et **3** puis **3** et **4**
• avant **7**, passage humide le long du ruisseau surtout en hiver

1 Descendre et passer la mairie. S'engager sur le chemin à droite vers Les Quenault, tourner à gauche puis à droite le long d'un champ et déboucher sur la D 421, près du portail d'entrée du château de Tourville.

2 S'engager à droite sur le chemin herbeux, traverser la D 14 *(prudence)* et continuer par le chemin caillouteux sur 20 m. Descendre à droite et franchir la rivière la Sinope *(maisons de caractère)*.

3 Après la carrière, traverser la D 14 *(prudence !)*, poursuivre par la route en face sur 250 m, puis prendre la route à droite et descendre vers le moulin du Rey.

4 Au moulin, s'engager à gauche dans une chasse de galets humide et continuer tout droit au croisement le long du bois de Tourville. Atteindre un carrefour.

> Le chemin en face mène au tumulus et aux ruines de l'église de Tourville.

5 Tourner à gauche, passer devant la ferme de Tourville puis, à La Petite-Ferme, continuer à droite jusqu'au carrefour.

6 Prendre la route à droite et passer La Davillerie puis La Déporterie. Derrière la ferme, poursuivre à droite par la chasse de terre sur 500 m et déboucher dans un chemin sous les hêtres. L'emprunter à gauche, longer la berge du Bouillon sur 600 m *(passage humide le long du ruisseau, surtout en hiver)*.

7 Franchir le pont Bleu, au confluent du Bouillon et de la Sinope. Continuer par la chasse caillouteuse qui monte à Lestre.

À DÉCOUVRIR...

> En chemin :
• château de Tourville (privé)
• La Pigeonnerie : moulins miniatures (visite)
• motte féodale et tumulus (privé)
• Lestre : chapelle St-Michel

> Dans la région :
• Le Bourg-de-Lestre : cour de Lestre
• Lestre : chapelle Saint-Michel (chemin des pèlerins)
• Saint-Vaast-la-Hougue : port, presqu'île de la Hougue, ferme ostréicole La Tatihou et embarquement pour l'île de Tatihou
• île de Tatihou (accessible par bateau sur roues) : tour Vauban, fort, musée maritime
• Quinéville : musée Mémorial de la Liberté retrouvée
• batterie de Crisbec

• 125

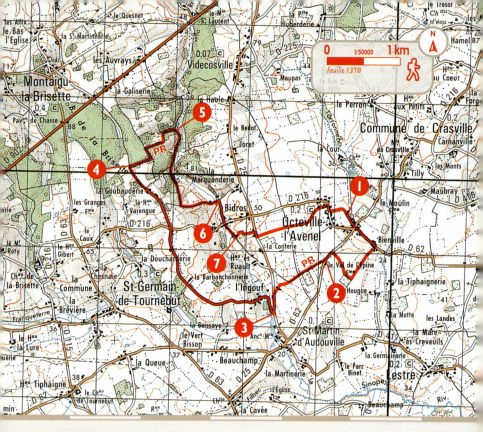

ENVIRONNEMENT

LES CÂTEAUX

La pointe rocheuse des Câteaux s'élève dans la vallée de la Sinope.
Depuis l'âge du fer (du IIIe au Ier millénaire avant J.-C.), l'emplacement exceptionnel de ce site à 81 mètres d'altitude sert de camp défensif aux hommes qui s'y installent. L'éperon barré d'environ 300 m de long se caractérise par sa forme en arc de cercle.

Ce camp naturel des Câteaux, avec ses pentes à 60 degrés sur la rivière, bénéficie d'un accès facile à surveiller, et il a vraisemblablement aussi été utilisé par les Romains.
Dans les broussailles et sous les pâturages bovins dorment encore des pierres de forteresse et des talus de terre de fortins, voire d'autres vestiges.

L'ÉPERON BARRÉ / PHOTO C.L.T.

Circuit des Buttes

MOYEN

3H15 • 11KM

Passez au pied de la butte des Câteaux, près du Maupas, sur les traces de nos ancêtres. Les hommes préhistoriques utilisaient ce site naturel qui leur permettait de dominer la campagne boisée environnante et la mer.

NÈFLES / DESSIN N.L.

1 Descendre au carrefour des D 216 et D 62 et continuer par la route vers Aumesville-Lestre. Aux maisons, prendre le large chemin à droite. Il vire à droite. Suivre la D 62 à gauche sur 50 m.

2 S'engager sur le beau chemin à droite. Il mène à quelques petites maisons de pays. Tourner à gauche, puis emprunter la D 25 à gauche sur 200 m.

3 Au croisement, prendre la route à droite en angle aigu. Elle descend vers la rivière. Franchir le petit pont du moulin et continuer par la route sur 2 km. Passer le carrefour au Blanc-Chêne (D 216) et monter vers les bois.

4 Prendre la quatrième chasse à droite le long d'un bois. Le chemin monte sur 250 m, vire à gauche puis descend à droite vers une carrière et arrive à la rivière la Sinope.

5 Suivre à droite le chemin de la vallée, au pied des bois sur 1,3 km. Le chemin monte, vire à gauche et passe le petit pont sur la Sinope, avant d'arriver au Maupas (*situé au pied des Câteaux*).

6 Devant la petite ferme, suivre la route à droite, couper la D 216 et passer devant un grand lavoir.

7 Monter par le chemin caillouteux à gauche sur 300 m, emprunter la D 25 à droite sur 30 m, puis suivre le sentier ombragé à gauche sur 1,2 km. Au puits couvert, prendre la route à droite sur 50 m, puis tourner à gauche et rejoindre le point de départ.

S SITUATION
Octeville-l'Avenel, à 9 km à l'est de Valognes par la D 62

P PARKING
église

B BALISAGE
jaune

! DIFFICULTÉS !
passage sur la D 25 avant **3** puis entre **7** et **1**

À DÉCOUVRIR...

> En chemin :
• Octeville-l'Avenel : église XIIe, cour XVIIIe
• maisons de caractère
• vallée de la Sinope
• lavoir

> Dans la région :
• Saint-Vaast-la-Hougue : port, presqu'île de la Hougue, ferme ostréicole, embarquement pour l'île de Tatihou (musée et observatoire ornithologique)
• Montebourg : abbaye, musée du Lait
• Montaigu-la-Brisette : parc animalier

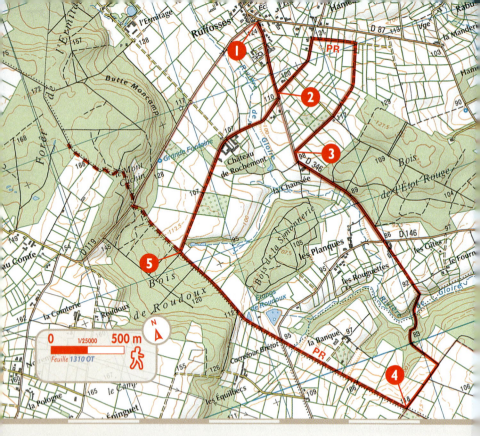

PATRIMOINE

LES « GAUDIOUNS »

POTERIE DE SAUXMESNIL / PHOTO C.L.T.

Au cœur de la forêt de Brix, Sauxemesnil-les-Godiâos est renommé pour ses poteries anciennes (XVIe, XVIIe, XVIIIe siècles). Que ce soit : *Godé, chopène, pintoun, puchyi, tâopette, mar-* *quis, fontaine ou statue*, c'est le travail de ces artisans de la terre qui mêlaient l'argile de Sauxemesnil et de Négreville au kaolin des Pieux. Les potiers (*Mouchel, Lepoitevin* ou *Valognes*) se différenciaient entre cousins par un *avernom*, exemple « dit la mare ». Ils occupaient souvent une deuxième fonction dans le village. Dans leur four en terre, ils cuisaient aussi carreaux de sol, briques, canalisations. Leurs décors de toiture, ou *gaudiouns*, sont conservés par les musées et par les collectionneurs. Victimes des contrôles de la coupe du bois et de l'enlèvement de la terre, des verreries et de la quincaillerie ménagère, ils ont peu à peu disparu.

Autour de **Rochemont**

Une agréable promenade au bord des plus beaux bois du Cotentin, vestiges de l'ancienne forêt de Brix, près des sources de la Gloire, au pays des briquiers et potiers.

1 À l'angle de la boulangerie, prendre la D 346 en direction de Saint-Joseph et passer l'église puis le couvent.

2 À l'intersection, emprunter la route à gauche sur 600 m, puis le chemin empierré à droite sur 500 m. Tourner à droite et déboucher sur la D 346 *(ancienne voie gallo-romaine)*, au lieu-dit La Chaussée.

3 La suivre à gauche, le long du bois de l'Etot Rouge *(vestige de l'ancienne forêt de Brix)*, sur 750 m. Traverser le carrefour et continuer tout droit par le chemin de la Biaiserie. Il s'incurve à droite, franchit la rivière la Gloire et remonte sur l'autre versant. Au croisement en T, tourner à droite.

4 À la croisée des grands chemins, emprunter à droite la voie Royale sur 1,3 km. Elle descend en pente douce vers les étangs du Roudoux. Traverser la D 146 et monter vers les bois par le large chemin empierré jusqu'à un embranchement.

> Possibilité de gagner le bois du Domaine de l'Ermitage *(l'un des plus importants du Cotentin)* : continuer tout droit le long des talus moussus, traverser la D 119 et grimper par le sentier en face (décalé à droite) dans le bois du Mont Cachin. Déboucher en lisière des champs et redescendre à l'embranchement du bois du Roudoux *(supplément de 2,5 km, réalisable en 50 mn ; pas de balisage).*

5 À l'embranchement, prendre le chemin empierré à droite. Il passe devant le domaine de Rochemont *(château du consul Lebrun et de son frère)*. Continuer par la route sur 700 m et tourner à gauche.

2 Continuer tout droit par la D 346 pour rejoindre le point de départ.

FRAISIER DES BOIS / DESSIN N.L.

S **SITUATION**
Ruffosses (commune de Saussemesnil), à 15 km au sud-est de Cherbourg par les N 13, D 56 et D 87

P **PARKING**
près de la boulangerie ou de l'église

B **BALISAGE**
jaune

À DÉCOUVRIR...

> **En chemin :**
• Ruffosses : église Saint-Grégoire-le-Grand XIIe
• vallée de la Gloire
• bois et étangs du Roudoux
• domaine de Rochemont (privé)
• Fête des potiers : mi-juillet

> **Dans la région :**
• Valognes : hôtels particuliers, abbaye Notre-Dame-de-Protection, musée du Cidre et du Calvados, vestiges romains de la ville d'Alauna
• Cherbourg : Cité de la mer, vieille ville et port, église de la Trinité, ancienne abbaye du Vœu, visite de la rade en bateau, parc Emmanuel-Liais

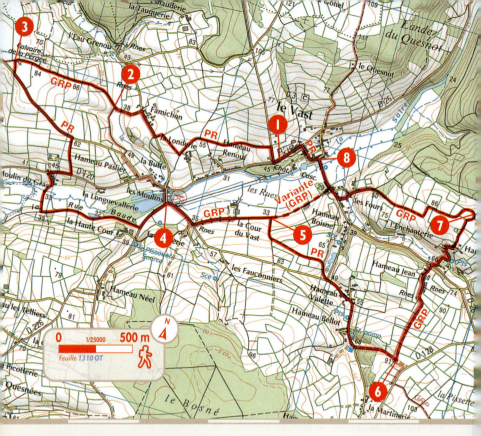

GASTRONOMIE

LES GOURMANDISES DU VAST

Depuis les années 1930, les boulangers du bord de la Saire fabriquent avec soin et amour une spécialité boulangère : la fameuse brioche du Vast – constituée de pur beurre de baratte, de farine de blé (gruau), de levain, d'œufs et d'un peu de sel –. Des pains de tradition française s'y dégustent également avec gourmandise, notamment le pain au cidre et aux pommes coupées, dans lequel se mêlent gruau et seigle, ou la tourte de seigle au levain, qui trouve toute sa saveur deux jours après sa fabrication.

Si le pain halloween au potiron fond sous la langue, le pain au seigle et au citron se croque avec les huîtres, et le pain « le bocage », où s'unissent les goûts du fromage et des noix, rend les goûters du Vast irrésistibles.

SPÉCIALITÉS BOULANGÈRES DU VAST / PHOTO C.L.T.

Le **long** de la **Saire**

Au bord de la Saire, les charmes du Vast constituent une succession de gourmandises : fleurs et vallons, cascades, omelette au jambon, brioches du Vast, galette au beurre, pains pliés et feuilletés aux pommes, au milieu des petites maisons de granite.

CYGNE TUBERCULÉ / DESSIN P.R.

S SITUATION
Le Vast, à 20 km à l'est de Cherbourg par les D 901, D 355 et D 26

P PARKING
bord de la D 26, à 100 m de l'église

B BALISAGE
jaune

! DIFFICULTÉS !
traversée de la D 26 entre **6** et **7**

1 Emprunter sur 250 m la route qui passe devant la mairie puis l'église. Prendre la D 26 à droite sur 20 m puis le chemin herbeux à gauche. À La Londerie, tourner à droite et arriver à Famichon. Suivre la petite route à droite sur 250 m, partir à gauche, franchir le ruisseau et atteindre une intersection.

2 Continuer tout droit par le chemin qui se faufile entre des haies remarquables et gagner le calvaire de la Pergée.

3 Tourner à gauche deux fois et suivre une petite route sur 800 m. S'engager sur le sentier à droite, emprunter la D 120 à droite, puis partir à gauche entre les maisons de granite et traverser la Saire dans le creux du vallon. Virer à gauche sous les grands arbres et longer le vallon sur 900 m. Descendre la D 25 à gauche, jusqu'à l'aire de pique-nique située au bord du bief des Moulins.

4 Prendre à droite la petite route qui passe devant les deux maisons de l'entrée du parc (à gauche), puis partir à gauche et passer devant la Cour du Vast. Continuer par l'allée des hêtres bicentenaires jusqu'à une intersection.

> Possibilité de variante en face vers le Hameau Boisnel *(voir tracé en tirets sur la carte).*

5 Tourner à droite et monter le chemin vers Hameau Valette. Continuer à droite par la route jusqu'au Hameau Bellot et partir à droite.

6 Au croisement, descendre par le chemin à gauche et gagner Hameau Jean *(maisons typiques)*. Traverser la D 26, descendre en face dans le vallon, puis remonter vers le vieux Hameau Ricard par un chemin très ombragé.

7 À la croisée de trois chemins, s'engager à gauche dans le remarquable chemin creux qui mène au hameau des Fours. Prendre la D 26 à droite sur 200 m.

8 Après les cascades, tourner à gauche et regagner le point de départ.

À DÉCOUVRIR...

> **En chemin :**
• Le Vast : église (orgues classées)
• Cascades
• artisanat de jouets en bois
• sentier-découverte ludique
• four à chaux

> **Dans la région :**
• phare de Gatteville
• parcs à huîtres
• Saint-Vaast-la-Hougue : port, presqu'île de la Hougue, ferme ostréicole, embarquement pour l'île de Tatihou (musée et observatoire ornithologique)

PATRIMOINE

LE VIADUC ET LE TUE-VAQUE

Si Cherbourg est desservi par le chemin de fer depuis 1858, le Val de Saire attendra 1905 pour voir débuter la construction de la ligne Cherbourg-Barfleur. La ligne du « tue-vaque », nom qu'elle doit au nombre de bovins renversés, se singularise par son viaduc de la vallée des Moulins. Le viaduc de Fermanville, à 242 mètres de hauteur, mesure 40 mètres de long et 32 de haut, et compte 20 arches. Une locomotive à vapeur et six wagons de marchandises et de voyageurs inaugurent la ligne en 1911. En octobre 1950, elle est abandonnée pour sa non-rentabilité malgré les protestations du conseil municipal. Dès 1951, la route remplace le rail. Le viaduc et son actuel sentier sont devenus le lieu de promenade préféré des habitants du Val de Saire.

VIADUC DE FERMANVILLE / PHOTO C.L.T.

La **vallée** des **Moulins**

FACILE

2H40 • 8KM

Partez sur les chemins chantés par la poétesse Marie Ravenel. Après la fraîcheur des sous-bois de la vallée des Moulins, entre Carneville et Fermanville, se succèdent les hauteurs de la lande et les points de vue sur la mer.

❶ De la place, rejoindre le bord de la rivière le Poult et longer sa vallée à droite *(toutes les maisons de la vallée étaient des moulins jusqu'à la fin du XIXᵉ)*. Passer la chapelle de bois, face au moulin, et continuer vers le viaduc *(inauguré en 1911)*. Par la chassette *(petit chemin)* des Prés, arriver à Carneville. S'engager sur le chemin de gauche.

❷ Monter à la croisée des chemins.

> Possibilité de variante *(balisée en jaune)* : franchir le viaduc, poursuivre et rejoindre une aire de pique-nique. Bifurquer dans la chasse à droite en direction du clocher puis rejoindre le point de départ en traversant le cimetière.

Prendre le deuxième chemin à droite. Il s'élève le long d'une carrière de gros sable *(appelé tuf)*. Sur la lande, rester à droite sur le chemin sur 300 m.

❸ Emprunter à gauche, en angle droit vers les hêtres, la chasse du Curé qui descend dans la vallée.

❹ Au croisement, prendre le chemin goudronné en face et passer une carrière. Traverser la D 210 et se diriger vers la cour-manoir d'Inthéville. Devant le manoir, continuer par la route sur 250 m.

❺ Bifurquer à gauche vers Fréval, traverser la D 116, passer le camping. Prendre le petit chemin à gauche sur 500 m, puis le petit sentier bordé de grosses pierres à droite sur 250 m. Suivre la route de Fréval à gauche et rejoindre un parking, en bord de mer.

> Possibilité de voir à droite, par le sentier du littoral, la croix du Prométhée *(élevée au bord de la mer en souvenir des disparus du sous-marin Le Prométhée)*.

❻ S'engager à gauche sous les tamaris, par le sentier du littoral tracé dans le sable et gagner le parking de la plage de la Mondrée.

❼ Monter par la petite route à gauche, emprunter le chemin à gauche sur 200 m, puis bifurquer encore à gauche *(panorama sur les marais)* et redescendre vers Le Carrat. Suivre la petite route à gauche sur 10 m, prendre le chemin herbeux à droite et descendre le long de la D 116 à gauche pour retrouver la place Marie-Ravenel.

S **SITUATION**
Fermanville, à 14 km à l'est de Cherbourg par la D 116 (vers Barfleur)

P **PARKING**
place Marie-Ravenel (près de l'église)

B **BALISAGE**
jaune

! **DIFFICULTÉS !**
cheminement sur la D 116 entre **7** et **1**

À DÉCOUVRIR...

> **En chemin :**
• vallée des Moulins (chapelle de bois 1900, maisons de granit, viaduc ferroviaire)
• lande
• cour d'Inthéville (privée)
• croix du Prométhée

> **Dans la région :**
• Fermanville : carrière et taille du granite, sémaphore : visite guidée, site protégé de 280 ha
• Gatteville-le-Phare : village remarquable, le deuxième plus haut phare de France, se visite tous les jours.
• Barfleur : port de caractère
• Montfarville : église et voûtes peintes

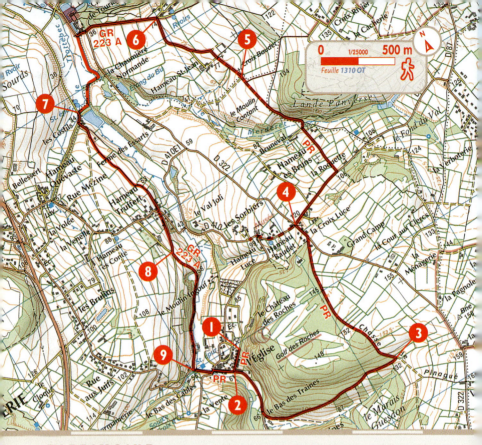

LA PIERRE BLEUE

« Je suis belle, ô mortels, comme un rêve de pierre. » Trait d'union entre le vert des prairies et le bleu de ses ciels délavés, le schiste, ou « pierre bleue », a été utilisé durant des siècles dans l'architecture du Nord-Cotentin.

Les carriers extraient les pierres avec barre à mine et poudre noire (chaque explosion fait tomber de 1 à 30 mètres cubes de schiste), puis ils préparent les grosses pierres pour le maçon au marteau à deux pointes (le smille). Le couvreur, lui, reçoit les ardoises du pays « brutes de carrière », qu'il retaille en 11 à 13 tailles différentes à l'aide du couteau à deux têtes. Chaque pierre, recouverte aux deux tiers par les autres, est accrochée par une cheville. Il faut compter de 65 à 70 ardoises par mètre carré de toiture.

LE CHÂTEAU DES RAVALET /
PHOTO C.L.T.

La **vallée** du **Trottebec**

Il court, il coule, le Trottebec, de l'Ermitage à La Brûlette, dans les creux des schistes bleus, par Bagatelle, vers la rade de Cherbourg. Il a caressé les roues de ses moulins, vu la manufacture des glaces du sir de Néhou et enlacé le château Renaissance des Ravalet.

CRESSON / DESSIN N.L.

S SITUATION
La Glacerie, à 7 km au sud-est de Cherbourg par les N 13 et D 122

P PARKING
gîtes de la manufacture des Glaces

B BALISAGE
jaune

1 Du parking, prendre la rue Louis-Lucas-de-Néhou *(inventeur du coulage des glaces à miroir sur table).*

2 Suivre la D 121 à gauche sur 800 m jusqu'à une ferme, bifurquer à gauche et monter par le chemin ombragé le long du mur puis en lisière du bois des Traînes, sur 1,2 km.

3 À la corne du bois, prendre la chasse Pinagué à gauche, le long du bois des Roches, et déboucher sur la D 322 à Hameau Baudet.

> **Possibilité de voir le musée au Hameau Luce, à 500 m, par la D 322 à gauche.**

4 Monter la D 122 à droite vers Le Mesnil-au-Val puis à gauche la deuxième petite route bordée de haies vers Bruneval. Dans le val, remonter à droite en direction de Hameau Saint-Jean.

5 À la croix Baudet, poursuivre tout droit par le chemin. Il passe à l'oratoire Saint-Jean. Continuer sur 500 m.

6 Descendre par la route à gauche au château des Ravalet. Tourner à gauche (Sud) et descendre le long du ruisseau du Trottebec jusqu'à l'étang de pêche des Costils. Monter la route à gauche.

7 Dans le virage, s'engager sur le chemin de terre à gauche et gagner Hameau Truffert. Face à l'oratoire de la Vierge, continuer par le chemin à gauche du mur et atteindre un croisement de quatre chemins.

8 Prendre à gauche le chemin ombragé qui longe le Trottebec. Passer une ancienne carrière de schiste *(ou pierre bleue)*, puis le moulin Ingouf et l'ancien polissoir.

9 Suivre la route à gauche et continuer par la D 121.

2 Tourner à gauche pour retrouver le parking.

À DÉCOUVRIR...

> **En chemin :**
• Hameau-Luce : musée de la Vie locale
• Tourlaville : château des Ravalet et parc public
• vallée du Trottebec

> **Dans la région :**
• Cherbourg : Cité de la mer, musée de peintures Thomas-Henri, théâtre à l'italienne, jardins

ENVIRONNEMENT

LES PLUS VIEILLES ROCHES D'EUROPE

FALAISES DU NEZ DE JOBOURG / PHOTO S.B./CDT 50.

Les grands vents atlantiques modèlent les plus vieilles roches d'Europe (2 milliards d'années) et les plantes du Nez de Jobourg. Ici, les gneiss précambriens et les micaschistes enserrent des talwegs (lignes de fond de vallée), ce qui déter-mine l'implantation de toute la flore : larges tapis mauves des armerias (gazon d'Olym-pe), jasiones bleues, blanches ombelles des carottes mariti-mes, etc. Dans quelques trous humides pointent des genêts à balai ; ailleurs, les perce-pierres (cristes marines) sem-blent naître de la roche. Les épaisses feuilles rondes des nombrils de Vénus étoilent les corniches. Bien à l'abri, les taches mauves du serpolet et les ajoncs odorants se coiffent parfois des longs fila-ments lie de vin – munis de ventouses-suçoirs – de l'extraordinaire cuscute.

Le **Nez** de **Jobourg**

DIFFICILE

4H • 11KM

Traversez les plus impressionnantes falaises d'Europe, à travers la lande parsemée de fougères et d'ajoncs : un balcon face à la mer.

1 Du parking, partir vers le Nord le long des tamaris sur le bord de la D 401, puis suivre à gauche le sentier des douaniers entre les murets.

2 Prendre la petite route en direction de Laye sur 200 m, puis monter par la route à droite sur 250 m et bifurquer à droite dans la chasse qui mène sous le Bec de Roche (132 m). À flanc de colline, atteindre Merquetot et traverser le hameau par la route à droite.

3 Après les maisons, s'engager à droite sur le chemin de terre et monter par la route à gauche dans le hameau des Fontaines. Tourner à droite et arriver à un carrefour.

> **Variante pour éviter les falaises** *(à utiliser par mauvais temps)* **: continuer tout droit par le chemin** *(balisage jaune)* **et retrouver le sentier du littoral, au sud du parking.**

4 Repartir à gauche, passer Le Bulot et atteindre Hameau-Mouchel. Continuer en face par la D 401. Elle vire à droite et gagne le carrefour avec la D 202. La prendre à droite sur 100 m.

5 S'engager à gauche (Sud) sur le large chemin. Il descend à droite le long du ruisseau de Moncanval et arrive au bord de la falaise.

6 Suivre le sentier des douaniers à droite. Bien tracé, il serpente à travers les falaises, monte et descend, passe au-dessus de l'anse de Pivette puis parvient en haut du nez de Jobourg. En surplombant l'anse de Seninval, il atteint le nez de Voidries *(prudence : passage exposé)* et arrive à l'ancien sémaphore.

7 Continuer par le sentier du littoral le long des prairies. Il descend dans le petit vallon suspendu des Vaux et passe au-dessus de l'anse du Culeron.

8 Laisser le sentier de la variante à droite, continuer, passer le petit pont sur le ruisseau du Moulin et rejoindre le parking.

S SITUATION
baie d'Ecalgrain, à 25 km à l'ouest de Cherbourg par les D 901 et D 401

P PARKING
baie d'Ecalgrain

B BALISAGE
jaune

! DIFFICULTÉS !
• circuit à ne pas entreprendre par temps de pluie ou de vent fort
• passage exposé entre le nez de Jobourg et le nez de Voidries

À DÉCOUVRIR...

> **En chemin :**
• baie d'Ecalgrain
• landes
• points de vue
• falaises

> **Dans la région :**
• cap de la Hague
• port et phare de Goury
• Tonneville : observatoire-planétarium Ludiver
• Vauville : château (jardin botanique tropical)

LITTÉRATURE

JACQUES PRÉVERT ET LA HAGUE

Jacques Prévert découvre la presqu'île de La Hague dès les années 1930. Ce n'est cependant qu'en 1970 que le poète choisit de s'installer à Omonville-la-Petite. Malade, il cherche à fuir Paris et suit les conseils de son ami Alexandre Trauner, qui possède une maison dans ce même village. Une maison nichée au creux d'un vallon, à l'abri des regards indiscrets, le séduit. Il y créera un univers fragile et imprévu en s'adonnant aux collages, c'est-à-dire au détournement d'images, à des associations poétiques ou subversives. Il ne cessera pas pour autant de se consacrer à l'écriture.

Sa maison de La Hague sera son ultime

MAISON DE JACQUES PRÉVERT / PHOTO F.C./CDT 50.

demeure. Au cimetière, il repose sous un buisson de camélias.

Ouverte au public, la maison accueille aujourd'hui des expositions.

Sur les **pas** de **Jacques Prévert**

Sur les hauteurs du mont Clin, dans les jardins de Prévert ou au bord de l'anse Saint-Martin, jouez au cancre ou bien faites le portrait d'un oiseau.

❶ Descendre par la D 45 vers Omonville-la-Petite sur 50 m.

❷ Prendre le premier chemin à droite et continuer dans la direction « Jardin en hommage à Jacques Prévert » sur 800 m.

❸ Au niveau du jardin, continuer dans la même direction sur 300 m en laissant le jardin à gauche. Prendre la route à gauche et monter vers Saint-Ouen. Au carrefour, face à une maison, suivre la route à droite sur 800 m.

❹ À l'intersection, tourner à gauche, traverser Les Guillemins-de-Haut ; au carrefour, continuer tout droit par la route en direction du Val, sur 900 m. Prendre la route à droite sur quelques mètres, puis virer à gauche et gagner Le Val.

❺ Dans le hameau, tourner à droite et arriver à la maison de Jacques Prévert. Obliquer à gauche et contourner le jardin qui entoure la maison. Monter par la route sur 300 m. Au carrefour, suivre la route à gauche puis la route de Hameau-Henry à droite.

❻ À la sortie du hameau, bifurquer à gauche puis, à l'embranchement, prendre le chemin de terre à gauche *(vue sur le calvaire du mont Clin et la mer)*. À l'intersection, poursuivre tout droit par le sentier, en laissant un chemin à droite et arriver à un nouveau croisement.
> Possibilité de se rendre au mont Clin (96 m ; *vue sur l'ensemble de la presqu'île de la Hague*), par le chemin à droite.

❼ Descendre par le chemin ombragé. Prendre la route à droite vers Les Guillemins-de-Bas, puis la route à droite vers l'hôtel de la Fossardière sur 100 m. Tourner à gauche, traverser La Valette en contrebas de la route et, à la sortie du hameau, continuer par le chemin de gauche, vers la mer. Poursuivre par la route ombragée. Passer le carrefour et emprunter la D 45 jusqu'à La Roche. S'engager sur le chemin à gauche et arriver dans l'anse de Plainvy.

❽ Suivre le sentier du littoral à gauche. Au bout de la plage, emprunter la D 45 à droite, effectuer un crochet à droite par la pointe du Nez *(prudence : trous près du blockhaus enterré)*, puis continuer par la D 45 jusqu'au parking.

S **SITUATION**
Port Racine (commune de Saint-Germain-des-Vaux), à 30 km à l'ouest de Cherbourg par les D 901 et D 45

P **PARKING**
bord de la D 45 à Port-Racine

B **BALISAGE**
jaune

À DÉCOUVRIR...

> **En chemin :**
• Port Racine (plus petit port de France)
• jardin Jacques-Prévert
• maison de Prévert
• panorama sur la mer
• prieuré Sainte-Hélène

> **Dans la région :**
• Mont Clin : panorama
• Gréville : maison du peintre Jean-François Millet
• port et phare de Goury
• cap de la Hague
• Urville-Nacqueville et Martinvast : châteaux et parcs
• Cherbourg : Cité de la mer, vieille ville et port, église de la Trinité, ancienne abbaye du Vœu, arsenal, fort du Roule (musée de la Guerre et de la Libération), visite de la rade en bateau

1001 FAÇONS DE RANDONNER

Rejoignez la Fédération Française de la Randonnée Pédestre et prenez votre Randocarte®. Vous soutiendrez ses actions :

➢ **le développement et la valorisation des itinéraires de Grande Randonnée (GR®) à travers toute la France**

➢ **l'entretien bénévole des chemins et des sentiers de France**

➢ **la protection de l'environnement et du patrimoine naturel.**

Vous bénéficiez en adhérant d'une **assurance adaptée et performante**, vous profitez de **nombreux avantages** et services et recevez gratuitement le trimestriel *Passion Rando Magazine*, 76 pages d'infos et de découvertes.

➢ **COMMENT SOUSCRIRE VOTRE RANDOCARTE®**
- Prenez connaissance de l'étendue des garanties d'assurance offertes par la Randocarte® sur le site de la Fédération : **www.ffrandonnee.fr**
- Remplissez le bulletin en ligne.

➢ • Plus d'informations sur :

www.ffrandonnee.fr

Pour toute information :
Centre d'informations de la Fédération Française de la Randonnée Pédestre
tél. 01 44 89 93 93

✓ La création des itinéraires a été assurée par le Comité départemental de la randonnée pédestre de la Manche sous la direction de Josiane Lecostey.

✓ Le balisage et l'entretien des balades sont assurés par les baliseurs officiels de la Fédération française de la randonnée pédestre et par certaines communes et communautés de communes concernées.

✓ Ont participé à la description des circuits : Bernard Paillard, Claude Le Tollec, Séverine Grillot, Benoit Allix, Maurice Leforestier, Maryline Lemirre, Fabienne Leprieur, Noelle Lesventes, Jacqueline Garnier, Marie-Brigitte Prigent, Jean-Marie Dorey , la commission randonnée de Brix, Gérard Lerouvillois, Jacques Delarue, Eliane Barbet, Jean-Yves Guilloux, Christian Mortier, Arlette Gallouin, Maxime Roisnel et Guillaume Romancant.

✓ La mise à jour de l'inscription au Plan départemental des itinéraires de promenade et randonnée a été suivie par Cécile Gicquel.

✓ Les textes thématiques de découverte ont été rédigés par Christelle Dalençon, Stéphan Barrault, Emeric Leprovost, Christine Bachelez, Thierry Galloo, Fabien Goulmy, Eric Neuville, Karine Leclaire, Olivier Royant, André Hamel, Stéphane Watrin, Claude Pasquier, Didier Lecœur, Benoit Canu, Claude Le Tollec, Robert Levivier, Maryline Lemirre, Claire Montemont, Julien Deshayes, Maurice Fleury, Madame Letulle et Sandrine Grillot.

✓ Les informations pratiques ont été rédigées avec la collaboration de Marie-France Ferraro et Ingrid Besselièvre.

✓ Les photographies sont de Stéphan Barrault (S.B.), Stanislas Fautré (S.F.), André Mauxion (A.M.), D. Mary (D.M.), A. Kubacsi (A.K.), D. Le Scour (D.L.S.), A.M. Bossard (A.M.B.), Hélène Guermonprez (H.G.), Pierre-Yves Lemeur (P.-Y.L.M.), Patrick Lelièvre (P.L.), Pierre-Yves Rospabé (P. Y. R.), Alain Fouquenoy (A.F.), Frédéric Capelle (F.C.), B. Rivière (B .R.), J. Tribhout (J.T.), P. Courault (P.C.), Cécile Gicquel (C.Gi) pour le Comité départemental du tourisme de la Manche (sélection réalisée avec la participation de Patricia Hoppé) ; de Benoît Canu (B.C.) pour le Parc naturel régional des Marais du Cotentin et du Bessin (PNR M.C.) ; du Parc naturel régional de Normandie-Maine (PNR N.M.) ; de Claude Le Tollec (C.L.T.), Jean Maurouard (J.M.), Jean-Marc Gris (J.-M. G.), Solveig Veillard (S.V.), Jean Mauquest (J.M.), Maurice Fleury (M.F.), J. P. Bataille (J.-P. B.), Jacques Delarue (J.D.), Marie-France Hélaers (M.-F. H.) et Nicolas Vincent (N.V.), de la communauté de communes de Tessy-sur-Vire (CDC de Tessy-sur-Vire), de Didier Ozouf (D.O.) et du Syndicat d'initiative de Marigny (SI Marigny).

✓ Les illustrations sont de Nathalie Locoste (N.L.) et Pascal Robin (P.R.).

✓ Responsable de production éditoriale : Isabelle Lethiec. Développement et suivi collectivités locales : Patrice Souc. Assistante développement : Emmanuelle Rondineau. Assistante de direction : Sabine Guisguillert. Secrétariat d'édition : Philippe Lambert, Marie Fourmaux. Cartographie : Olivier Cariot, Frédéric Luc. Mise en page et suivi de la fabrication : Jérôme Bazin, Marine Léopold, Laetitia Monfort. Lecture et correction : Marie-France Hélaers, André Gacougnolle, Nathalie Giner, Josette Barberis. Création maquette et design couverture : Média-Sarbacane.

Cette opération a été réalisée avec le concours financier du Comité départemental du tourisme de la Manche et de la Fédération française de la randonnée pédestre.

N'importe où...

mais jamais sans elle !

la Licence

Rejoignez un club et prenez votre licence ; vous bénéficierez :

→ **D'une assurance adaptée et performante**
→ **D'avantages et services**

Et en plus, vous contribuerez aux actions menées par la Fédération Française de la Randonnée Pédestre :

→ **Création** et balisage des itinéraires de randonnée (GR® - GRP® - PR®)
→ **Entretien** des chemins et sentiers de France
→ **Protection** de l'environnement

Rejoignez nous,
randonnez l'esprit libre

Pour toute information :
Centre d'informations de la Fédération Française de la Randonnée Pédestre
tél. 01 44 89 93 93

www.ffrandonnee.fr

GDF SUEZ

THÉMATIQUE

INDEX THÉMATIQUE

Randonneurs, vous êtes des observateurs privilégiés de la nature, aidez-nous à la préserver !

Eco-veille®

La FFRandonnée, aux côtés d'autres partenaires, œuvre pour le balisage et l'entretien des sentiers que vous empruntez. Nous ne pouvons être partout tout le temps. Aidez-nous en nous signalant les anomalies que vous pourriez rencontrer au cours de vos randonnées sur les itinéraires et autour (balisage manquant, arbre en travers d'un chemin, dépôts d'ordures…).
Pour cela, procurez-vous des fiches Eco-veille® auprès du Comité départemental de la randonnée pédestre ou des partenaires de ce dispositif (offices de tourisme, hébergeurs...) ou sur le site Internet :

www.rando50.fr

Des topo-guides® écologiques

L'orchidée qui fleurit sur nos chemins est fragile, puisqu'une espèce sur six est menacée de disparition.

Soucieuse de cette nature à préserver, quoi de plus naturel pour la **FFRandonnée** que de s'inscrire dans une démarche de **développement durable** ?

Ainsi, tous nos imprimeurs partenaires bénéficient des certifications Imprim'vert et PEFC®, garantie d'une production écologiquement contrôlée des topo-guides® (gestion des déchets par récupérateurs agréés, recyclage, utilisation d'encres à pigments non toxiques, aucun rejet en réseaux d'évacuation publics…).

Le papier utilisé est par ailleurs lui-même certifié, attestant qu'il provient systématiquement de bois issu de forêts gérées durablement.

Photo © N. Vincent.

PEFC

PEFC / 10-31-1510

Achevé d'imprimer en France sur les presses Corlet Imprimeur (14110 Condé-sur-Noireau) sur papier issu de forêts gérées durablement